MEYER & DELAHAUT

BIBLIOTHÈQUE UTILE

LES CLEFS DE LA CAVE

VINS, CIDRE, BIÈRE, LIQUEURS

PAR LE DOCTEUR J. P. DES VAULX

> Vins, livres, amis vieux,
> Sont prisés en tous lieux.

LIBRAIRIE DE J. LEFORT
IMPRIMEUR, ÉDITEUR

LILLE | PARIS
rue Charles de Muyssart, 24 | rue des Saints-Pères, 30

LES CLEFS DE LA CAVE

In-18 jésus. 2º série.

CHEZ LE MÊME ÉDITEUR

LES ILLUSTRATIONS
DE L'ARMÉE FRANÇAISE
DE 1789 A 1880

NOTICE HISTORIQUE ET BIOGRAPHIQUE

SUR LES PRINCIPAUX MARÉCHAUX ET GÉNÉRAUX

ACCOMPAGNÉE DE LEUR PORTRAIT

PAR L. LE SAINT

OFFICIER DE L'INSTRUCTION PUBLIQUE

1 volume grand in-4º.

Broché : **5** fr. — Percaline tr. dorée : **8** fr.
Beau papier
Broché : **6** fr. — Percaline tr. dorée : **9** fr.

Envoi *franco* contre mandat de poste ou timbres poste.

LES CLEFS

DE LA CAVE

VINS, CIDRE, BIÈRE, LIQUEURS

PAR LE DOCTEUR J. P. DES VAULX

LIBRAIRIE DE J. LEFORT
IMPRIMEUR ÉDITEUR

LILLE | PARIS
rue Charles de Muyssart, 24 | rue des Saints-Pères, 30

Tous droits réservés.

PRÉFACE

Au moment de signer ce livre, le dernier d'une longue série à laquelle je travaille depuis vingt ans, je ne puis me défendre d'une vive émotion. D'enfants qu'ils étaient alors, les premiers lecteurs de ma petite bibliothèque agricole sont devenus des hommes ; ils ont grandi à mesure que je suis devenu vieux, et leur fidélité à lire chacun de mes modestes volumes aussitôt que les événements d'une vie agitée me permettaient de les publier, m'a toujours touché profondément. Ce sont aujourd'hui pour moi d'anciens, de sûrs amis, et j'éprouve en leur disant adieu un violent serrement de cœur ; je ne voulais cependant pas les quitter sans rédiger pour eux ce dernier traité sur une des questions qui touchent de plus près leurs intérêts moraux en même temps que leur bien-être.

Les boissons fermentées, et les produits qui

PRÉFACE

en dérivent, sont à la fois une source de vie et un instrument de mort, suivant l'usage qu'on en sait faire. Il est certain que les peuples qui arrosent leurs repas avec du vin, du cidre ou de la bière, avec du vin surtout, puisent dans cet aliment un redoublement d'énergie, de force et d'intelligence; mais il n'est pas moins avéré que c'est dans l'abus des boissons fermentées et des alcools que l'humanité puise ses passions les plus basses, ses maladies les plus honteuses, le dégoût du travail, la jalousie brutale, la colère aveugle, les habitudes crapuleuses, les hallucinations, la perte de l'intelligence, la folie et la propension irrésistible au suicide.

L'auteur de ce livre est un vieux médecin qui a beaucoup vécu avec les ouvriers et les soldats. Plus que personne, il a vu des ivrognes arriver pas à pas à ce funeste résultat de la perte de leurs facultés physiques et morales; mieux que personne, il a pu suivre ces débauches de jeunes gens sortis pleins de santé de leurs familles et arrivant insensiblement à l'habitude de l'ivrognerie. Hélas ! mieux vau-

PRÉFACE

drait pour vous ne jamais goûter de vin et boire de l'eau toute votre vie, que de connaître et de posséder ce précieux liquide pour en faire un si funeste usage.

On commence par se griser par fanfaronnade, on s'enivre ensuite par habitude; on tombe dans l'alcoolisme, et l'on s'éteint dans l'abrutissement; telle est la série.

« On distingue dans l'ivresse trois degrés, dit un de nos savants maîtres. (Michel Lévy, *Traité d'hygiène*.) — Dans le premier, turgescence et chaleur de la peau, face injectée, visage plus ouvert, œil brillant; idées plus libres, plus faciles; alternatives de volubilité et d'embarras dans la langue; disposition à la gaieté, à la bienveillance, aux épanchements affectueux; gestes multipliés, vifs et brusques. — Si les sujets qui présentent ces symptômes continuent à boire, les vertiges arrivent, la vue se trouble, l'œil se voile de brouillards; aux inspirations d'un esprit stimulé succède un bavardage inepte; les discours sont sans liaison, la face devient vultueuse, la voix provocante, et les idées sans guide conduisent l'ivrogne aux actes les plus regrettables. — Le troisième degré, expression d'une congestion considérable du cerveau, donne à l'ivrogne cette physionomie que l'on appelle ivre mort. Le malade, car l'ivresse est une maladie, gît dans la stupeur, insensible à tout. Il ne répond plus à la voix qui l'appelle; ses muscles ne peuvent ni soutenir son corps ni retenir les excréments qui se répandent dans ses habits; sa bouche remplie d'écume ne peut plus parler; sa respiration est râlante, et l'asphyxie progressive suspend la mort sur sa tête. »

Tel est le tableau de l'ivresse. L'aspect que présente un homme adonné à l'ivrognerie est encore plus dégoûtant. Son estomac, brûlé par le contact de l'alcool, refuse les aliments et ne les digère plus; un feu intérieur le dévore et annonce le plus souvent la formation du cancer du pylore. La congestion sanguine qui se manifeste extérieurement par l'hypertrophie des veines de la peau du nez, amène en même temps l'hypertrophie du cœur. La gravelle, la goutte et les maladies du foie se partagent leurs tristes victimes; une maigreur cada-

PRÉFACE

véreuse se manifeste, la folie et le délire surviennent, et quand l'ivrogne n'est pas emporté par une maladie courante, il devient tellement imbibé d'alcool, qu'on en a vu prendre feu et brûler comme du bois sec.

Les médecins et les légistes considèrent l'ivrognerie comme une calamité sociale. On a calculé qu'elle tue en Angleterre cinquante mille personnes par an. La moitié des aliénés, les deux tiers des pauvres et les trois quarts des criminels de ce pays se trouvent parmi les gens adonnés à la boisson. Quoique moins commune en France, l'ivrognerie est encore une des plaies les plus hideuses de nos classes ouvrières. Sur quarante-six mille morts accidentelles, constatées dans l'espace de sept ans, près de deux mille n'ont pu être attribuées qu'à l'ivrognerie, et le sixième des suicides dans le peuple est dû à cet affreux penchant.

Quel moyen préventif opposer à ce mal immense qui tue les âmes et les corps? Nous sommes d'avis qu'on le demandera en vain aux législateurs. C'est dans la religion, dans le sentiment des devoirs de famille, dans l'estime de soi-même qu'il faut le chercher. La fondation des sociétés de tempérance, celle des cercles catholiques d'ouvriers, les bonnes lectures, l'instruction, sont d'excellents moyens pour convaincre les habitants des villes et ceux des campagnes du mal qu'ils se font à eux-mêmes et à leur famille par cet indigne emploi de leur argent et de leurs loisirs.

Et pour ce qui concerne les vignerons, ceux qui préparent cette boisson fermentée, dont l'abus cause de si grands préjudices à l'humanité, qu'ils n'oublient jamais que le danger pour le consommateur est d'autant plus grand que la boisson a été préparée d'une manière qui s'éloigne davantage des procédés de la nature. Le verre de vin, qui est une source de santé quand il est naturel, devient un germe de poison quand il est frelaté, et celui qui se rend coupable de cette tromperie commerciale est plus méprisable que l'assassin qui se jette sur vous pour vous poignarder, parce qu'il est plus lâche.

LES CLEFS DE LA CAVE

I

De la culture de la vigne.

La culture de la vigne occupe, en France, une superficie de deux millions cinq cent mille hectares, c'est-à-dire plus de la moitié de l'étendue totale des vignes à vin cultivées dans les cinq parties du monde, et la douzième partie des terres labourables de notre pays. Son produit brut s'élève pour la France à plus d'un milliard et demi de francs : ajoutons que, partout où elle peut être installée, cette culture est des plus faciles, des plus simples, et des plus lucratives surtout, car tandis qu'un hectare de blé, dans nos meilleures fermes, ne donne jamais plus de 400 francs, un hectare de vigne en donne jusqu'à 1200 et 1500. On ne s'expliquerait pas comment cette industrie n'a pas déjà envahi tout notre territoire, si l'on n'était obligé de convenir que tous les terrains ne sont pas également propres à la vigne, que toutes les années ne donnent pas de récolte, — et que pour obtenir un vin de garde et de vente, il faut des plants choisis, des façons coûteuses, une taille bien entendue, une récolte faite à temps et diverses manipulations minutieuses qui demandent une attention, un zèle et une intelligence dont tous les cultivateurs ne sont pas capables.

Pour ceux qui n'ont pas peur de leur peine, et qui ne demandent qu'à connaître les moyens de tirer de leur activité un juste salaire, nous allons exposer brièvement dans ce chapitre les procédés de culture les plus généralement appliqués et les moins dispendieux.

I. Choix et préparation du terrain. — La vigne fructifie et prospère dans un très grand nombre de terrains fort divers, et, de l'avis des

CHAPITRE 1

savants les plus autorisés, c'est en partie à la différence du sol que nos divers crus doivent le goût qui les caractérise et les recommande aux consommateurs. C'est ainsi que : — *Dans les vignes de la Bourgogne*, le cep est planté sur un calcaire oolithique, et suivant que dominent la silice et l'oxyde de fer, comme dans les vignobles de Santenot, Clos-des-Mouches, Grèves ; ou les marnes et la potasse, comme dans les vignobles de Corton et de Chambertin ; ou l'alluvion argilo-calcaire, ferrugineuse, comme à Pommard, Nuits, Volnay, Vougeot ; ou le calcaire magnésien, comme à Montrachet et Meursaut, les vins ont des différences de goût et de qualité connues de tous les consommateurs. — *Dans les vignes du Médoc*, le sol appartient à la formation tertiaire ; il est composé de sables, de cailloux roulés et d'argiles ferrugineuses. On le divise en graves, landes, sables et terrains argilo-calcaires ; et, là encore, la qualité des vins a d'étroits rapports avec la composition du sol. Où les cailloux siliceux dominent, on obtient les vins les plus distingués. Viennent ensuite les landes, dont le sous-sol est formé d'un cailloutis siliceux très fin ; puis les sols à prédominance calcaire, et, enfin, les sols à prédominance argileuse. On peut affirmer que les vins sur lesquels se fondent la renommée et la supériorité du Médoc, ne sont produits que par les deux premières catégories de terrains. — *Dans le Midi de la France*, l'examen du sol que recouvre la vigne donne les mêmes résultats. Les coteaux de l'Hermitage sont des terrains granitiques ; à Lamalgue, on plante la vigne dans des sols de schistes micacés ; à Lunel, dans un terrain argilo-calcaire cailloúteux ; à Frontignan, dans les calcaires jurassiques ; à Maraussan et Cazouls, dans des dépôts tertiaires marins, mêlés de sable et d'argile ; à Saint-Georges, dans des calcaires et des dépôts de cailloux roulés ; les terres de Saubergue, qui forment la majeure partie des vignes de l'Hérault, sont des calcaires mélangés de silice ; les garigues ou coteaux, dont on tire un vin recherché, sont formées d'une légère couche de terre végétale mêlée de pierrailles, déposée sur des calcaires profondément fissurés. — Enfin, *dans la Cham-*

CHAPITRE I

pagne, la plupart des grands vignobles reposent sur des calcaires crayeux, à peine recouverts de terre végétale. Le carbonate de chaux entre pour les quatre cinquièmes dans la composition du sol; l'argile et la silice se partagent le reste.

Toute superficie qui est nettoyée facilement d'eau et de vapeurs, soit par les pentes naturelles, soit par les vents, est propre à l'assiette d'un vignoble passable, pourvu que la température du lieu puisse amener le raisin à parfaite maturité.

Si maigre, si infécond qu'il paraisse, si rocheux, si inaccessible, le sol recèle toujours des principes vivifiants pour cette précieuse et robuste plante. Il en contient abondamment s'il est couvert de bruyères, de fougères, de genêts et de genévriers.

En un mot, la vigne n'est pas à sa place où peuvent croître de bons et beaux produits en légumes, céréales et fourrages. Il restera toujours assez de terrains pour la cultiver, sans déplacer ces récoltes premières et indispensables ; car elle est sobre et sait étendre ses racines vigoureuses où bon nombre d'autres plantes ne trouveraient pas leur vie, mais elle est une providence pour les terres sans valeur, que l'aridité dévore et que sa culture peut transformer en une abondante source de bien-être pour la famille du paysan.

Exposition. — On regarde généralement l'exposition des terrains au midi comme une des conditions les plus favorables à la culture de la vigne. Cela est vrai jusqu'à un certain point pour les vignobles de la partie septentrionale de la France, mais ce n'est point une règle absolue. Il est même remarquable qu'en Champagne les vignobles d'Epernay, ceux de Joué et de Saint-Aventin en Touraine, et plusieurs autres en Anjou, sont exposés au nord et donnent un vin excellent. Dans le Midi, où les raisins ont souvent à souffrir des rayons du soleil, l'exposition au nord n'est point à redouter; mais il faut partout se méfier des vents violents, et ne pas planter la vigne dans leurs courants habituels, c'est-à-dire dans les lieux trop élevés et sur les bords des rivières, qui ont en outre l'inconvénient des brouillards, toujours funestes à cette culture. Dans les pays du

CHAPITRE I

centre, on estime par-dessus toutes les autres, l'exposition du sud-est.

Préparation du sol. — Tous les terrains où la vigne est cultivable ne peuvent pas être disposés de la même manière. Il en est qui sont inaccessibles à la charrue, comme les montagnes, mais qui sont encore capables de recevoir uniformément les plantations; d'autres sont tout à fait escarpés, rocheux, de manière à ne recevoir que des plans disséminés; enfin, d'autres sont en pente douce et peuvent être divisés au gré du vigneron. Quelles que soient les circonstances et les configurations du terrain, nous ne saurions trop recommander de ménager toujours dans les lieux où doit être plantée la vigne de longues et larges allées, afin de laisser le passage suffisant aux voitures qui doivent conduire les engrais, les tonneaux, etc. Un cultivateur a calculé que l'économie de temps produite par les routes qu'il faisait établir dans ses vignobles, de cent en cent mètres, sans compter les facilités de dépôt, pouvait être évaluée à une somme annuelle de cent francs par hectare.

Devra-t-on défoncer, ou seulement défricher l'espace enfermé par les routes? Dans la majorité des cas, il suffira de défricher, le prix du défoncement étant très considérable et d'une utilité tout à fait relative. Il n'en serait pas de même si l'on voulait établir une pépinière. Le terrain alors doit être ouvert à cinquante centimètres de profondeur, et divisé par planches d'un mètre et demi, séparées par des sentiers de cinquante centimètres.

Le défrichement se fait à la main ou à la charrue. La charrue suffit partout où elle peut passer. On gagne ainsi un temps considérable, et le prix de revient est diminué de moitié.

En même temps on arrache tous les arbres et arbustes qui pourraient garnir le sol, car leur présence nuirait à la distribution régulière de la lumière et de la chaleur sur les raisins. C'est une mauvaise pratique de laisser croître des pêchers, des pruniers et autres arbres à fruit dans les vignes, malgré l'usage qui en est répandu dans presque tout le centre. Chacun sait que la nature n'a point destiné la vigne à ramper sous les arbres,

CHAPITRE I

mais plutôt à couvrir leur tête de sa puissante végétation. Si, pour des motifs d'intérêt et pour assurer la maturité de ses fruits en temps utile, l'homme est obligé de contrarier sa nature, il ne peut cependant supprimer tous ses besoins; aussi voit-on, même dans le Midi, les vignes se refuser à un produit régulier sous l'olivier, et n'en donner que de chétifs sous les amandiers, figuiers, pruniers, etc.

Il n'est pas plus convenable de cultiver la vigne en jouelles, comme on fait en Touraine, et d'alterner des rangées de ceps avec d'autres rangées de céréales ou de fourrages. Ce procédé infeste les vignes de mauvaises herbes, d'insectes, et les laisse sans défense contre les plus légères variations atmosphériques. J'en dirai autant de la culture en cordon sur les arbres, dans les terrains ensemencés de blé ou autres récoltes, comme on fait autour de Tarbes, car le raisin perd de sa qualité en s'éloignant du cep, et ne donne plus qu'un vin plat et sans vertu.

II. Choix des cépages. — S'il est vrai que tous les terrains sont susceptibles de produire des vins généreux, sous la réserve de quelques régions et expositions définies, il n'est pas moins certain qu'aucun vin ne sera bon, en quelque lieu qu'on le récolte, s'il est fait avec un raisin de mauvaise qualité. *C'est le cépage qui fait le vin*, dit un proverbe ; à quoi le célèbre docteur et professeur Guyot ajoute : « J'ai planté dans la même propriété les variétés de vigne les plus différentes, et en assez grande quantité pour en faire des cuvées séparées, et j'ai obtenu des vins ayant des qualités et des caractères qui ne permettent à personne de confondre l'un avec l'autre. »

Un autre principe général non moins important est celui-ci : « On ne doit jamais faire son vin qu'avec un ou deux cépages, trois au plus. Un seul cépage vaut mieux que deux ; deux valent mieux que trois. » Les espèces différentes se nuisent, parce que leur conduite et surtout l'époque de maturité de leurs fruits diffèrent, et que les mêmes soins ne produisent pas des résultats analogues sur toutes les espèces dans un sol donné.

Ceci posé, nous allons passer en revue les prin-

CHAPITRE I

cipaux cépages cultivés dans les différentes contrées et faire connaître leurs qualités particulières.

Le Pineau franc noirien, que les anciens désignaient sous le nom de plant noble et auquel les grands-vins de Bourgogne doivent leur célébrité, tient la première place. « Ce roi des raisins a la grappe petite et régulière, portée par un pédoncule court et de couleur foncée. Son grain petit est légèrement oblong, serré et de couleur rouge foncé. Sa pellicule est fine et mince. Il ne contient d'ordinaire que deux ou trois pépins. Le bois du pineau est rampant, menu et d'une légère couleur rosée ; les nœuds sont éloignés les uns des autres ; la feuille attachée par un long pédicule est d'un vert foncé, presque glabre. » La floraison et la maturité de ce cépage sont hâtives. Outre le pineau noir, on connaît :

Le Pineau gris beurot, cépage très répandu sous divers noms en Bourgogne, en Champagne, en Touraine et sur les bords du Rhin et de la Moselle. Les caractères du cep sont les mêmes que ceux du noirien, mais la couleur rouge clair à reflets bleus du fruit suffit pour le faire reconnaître facilement. Sa grappe est très serrée. Il ne donne pas un vin aussi corsé que le noirien, et il est plus sujet à coulure, mais plus fécond que le précédent.

Le Pineau blanc chardenay, connu en Champagne sous le nom de *Plant doré blanc*, est très commun dans cette province où il produit les vins les plus généreux. Il est cultivé seul à Meursaut et à Montrachet. Son bois est un peu jaunâtre, dur et cassant. Sa feuille large est d'un vert tirant sur le jaune, les jointures espacées. Ce cépage réussit dans les terrains les plus maigres. Il donne une grappe petite, avec des grains petits un peu oblongs, qui sont à leur maturité fortement dorés du côté du soleil. Le vin qu'il produit est d'une grande finesse, mais pas très abondant.

On regarde encore comme un pineau le *Morillon*, raisin noir à petites grappes, qui est très hâtif et réussit bien sans beaucoup de chaleur.

Le Carbenet ou *Breton* est le premier cépage du Médoc. Le cep n'a rien qui le distingue, mais la feuille est très dentelée, le raisin à baie noire

CHAPITRE 1

de moyenne grosseur et ronde, par grappes assez belles un peu serrées ; il fleurit en juin et ne mûrit qu'au commencement d'octobre. Son rendement moyen est de 2,500 litres à l'hectare. Son vin, médiocrement riche en alcool, a de la distinction, du bouquet, et gagne beaucoup en vieillissant. On lui reproche une tendance à l'acidité. — Le *Sauvignon* et la *Carmenère* diffèrent à peine de ce type, et ont à peu près les mêmes qualités, avec une production un peu moindre.

Le Malbec ou *Gros noir* est un autre cépage du Médoc assez répandu. Son bois est gros et marron ; ses grains gros et ronds, médiocrement pressés, forment d'assez belles grappes. La saveur est sucrée et excellente, et la pellicule fine d'un rouge foncé. Ce cépage fleurit après et mûrit un peu avant le carbenet ; son rendement moyen est de 3,000 litres par hectare, d'un vin inférieur au précédent, plus coloré cependant, mais moins fin.

Le Merlau présente à peu près le même aspect que le précédent ; comme lui il pousse tard et mûrit tôt. Sa végétation est franche et régulière. Comme le malbec il manque de bouquet, mais sa saveur est sucrée et agréable. Son mélange avec le carbenet donne de très bons résultats.

Le Verdot aime le sol argileux. Comme aspect il ressemble aux deux précédents, mais son rendement est bien supérieur. Il a le défaut de mûrir lentement. Les vignerons le mêlent ordinairement au malbec.

Le Cot ou *Quercy* ressemble beaucoup aux précédents; il est même assez difficile de le distinguer du malbec. Il donne un raisin rouge, coloré, avec lequel se font les bons vins rouges de Saint-Georges, du Poitou, et les vins de Cahors.

L'Aramon ou *Ugny noir* est le premier cépage du Midi. Il a une souche forte, des feuilles trilobées un peu cotonneuses sur leur revers; une grappe volumineuse, longue, à grains ronds, gros et très juteux, d'un goût relevé et d'une couleur foncée. Il mûrit aux premiers jours de septembre, et produit jusqu'à 50 hectolitres à l'hectare d'un vin corsé, spiritueux, de belle couleur et de longue durée. Il couvre d'immenses surfaces dans le bas Languedoc et fait la richesse du pays.

CHAPITRE I

L'Ugny ou *Aramon blanc* diffère peu du précédent pour l'aspect extérieur, la fécondité et la qualité de son fruit. Ses gros grains blancs, juteux, transparents, à peau fine, donnent un vin blanc délicat. Ce cépage est presque exclusivement cultivé en Provence : il coule peu et produit beaucoup, mais il est exigeant sur la qualité du terrain et demande un sol à la fois riche et pierreux.

Le Morrastel, très connu dans la Provence et le Roussillon, est un fort précieux cépage à souche élevée, à sarments rouges, à feuilles d'un très beau vert, peu découpée, à pétiole rouge. La grappe est grosse, à grains serrés, noirs, petits, doux et ronds. Il mûrit vers la mi-septembre, est très fertile et ne craint pas la gelée. Le vin qui en provient est excellent et d'une teinte grenat fort intense. Son produit est souvent de 50 hectolitres à l'hectare.

L'Espar, qui est très estimé dans le Comtat, la Provence, le Roussillon, le Poitou, le Périgord, etc., est un robuste cépage, à souche élevée, à sarments forts, rouges foncés, à entrenœuds courts, à feuilles grandes et cotonneuses au-dessous. Sa grappe est moyenne et conique; son grain noir serré, rond, assez petit, fleuri, doux et sucré, mais acerbe au goût. Il produit un vin foncé, d'une couleur franche, d'un goût un peu austère. Il doit la préférence dont il est l'objet à sa rusticité. Son produit est d'environ 30 hectolitres par hectare. Sa maturité a lieu vers la fin de septembre.

Le Carignan ou *Catalan* est surtout cultivé dans le Roussillon. Sa souche est forte, ses sarments vigoureux, ses feuilles grandes ou tourmentées, d'un vert moyen, un peu rugueuses au-dessus et cotonneuses au-dessous. La grappe est de belle dimension, et le grain gros, rond, noir, juteux et ferme. Il mûrit fin septembre et donne un vin coloré, rude, spiritueux, un peu gros, recherché pour le coupage. Ce cépage est sujet à la coulure et au charbon, mais il est extrêmement fertile et produit de 70 à 200 hectolitres à l'hectare.

Le Grenache, nommé aussi *Roussillon*, *Rivesaltes*, *Alicante*, est un des cépages les plus ré-

CHAPITRE I

pandus du Midi. Les vins de Collioure, de Banyuls, de Rivesaltes, sont formés de grenache pur. Dans le Roussillon, il est uni au carignan et à l'espar. C'est un cépage à souche élevée, à sarments gros, à feuilles petites, à belles grappes d'un grain de grosseur moyenne, serré, très fleuri, pas très coloré, et d'un excellent sucre. Il mûrit en octobre et donne un vin particulièrement délicat, d'une belle couleur rouge mordorée, à la quantité de 20 à 40 hectolitres par hectare. — Il existe un *Grenache blanc*, qui a tous les caractères du précédent.

L'Œillade, que l'on ne peut distinguer qu'à sa feuille, grande, verte et découpée en cinq lobes, produit une grosse grappe, à grains oblongs, volumineux, peu serrés, d'un beau noir violet, croquants, charnus et sucrés. On la trouve particulièrement dans les anciennes vignes de l'Hérault et du Gard, mêlée au terret, à l'aspirant et à la clairette. Ce cépage craint la gelée; mais le vin qu'il produit, dans la proportion de 25 à 60 hectolitres par hectare, est d'une grande finesse, d'une belle couleur, parfumé, spiritueux et très estimé.

Le Picardan ou *OEillade blanche* diffère un peu du précédent par la découpure et la couleur des feuilles. Les gros raisins d'un beau jaune ont un léger goût de musc et ont donné leur nom à un vin qui se fait aujourd'hui de préférence avec des clairettes, parce que ce cépage n'est pas très fertile et craint les gelées.

Les Aspirants forment une tribu importante qui contient des cépages à fruits *noirs*, à fruits *gris* et à fruits *blancs*. Leur souche est forte, les feuilles larges et pâles, la grappe très élégante. — Les fruits noirs, oblongs, très pruinés, à peau fine, croquants, légèrement acidulés, donnent un vin pétillant délicat, légèrement parfumé et d'un rouge clair. — L'aspirant gris, d'une fraîcheur veloutée, fait d'excellent vin blanc, pétillant, d'une transparence particulière. — L'aspirant blanc, semé d'une poussière glauque, est surtout cultivé pour la table. Ces cépages, très répandus dans le bas Languedoc, donnent au vin de Saint-Georges sa réputation. Ils donnent de 25 à 50 hectolitres à l'hectare.

Les Terrets, autre tribu très répandue dans le

CHAPITRE I

bas Languedoc, où ils ont fait la réputation des vins de Langlade, forment aussi trois variétés : *noire*, *rose* et *blanche*. Leur souche est peu ramassée, leurs sarments vigoureux, noués long ; leur feuille vert clair, moyenne, un peu cotonneuse sur le revers, la grappe grosse, à gros grains serrés, la maturité tardive, la production de 40 à 70 hectolitres par hectare, — Le *Terret noir* donne un vin léger, agréable à boire, qui ne se prête pas aux coupages, et pour cela est un peu négligé. — Le *Terret rouge* ou *Terret bourret* donne un vin solide, corsé, spiritueux, mais un peu rustre. — Le *Terret blanc* donne un vin plus recherché que les précédents et de très bonne défaite.

Les Piquepouls, qui forment encore, dans les vignobles du Midi, une tribu importante et bien caractérisée, renferment les trois variétés : *noire*, *rose* et *blanche*. Ils ont une souche forte, des sarments vigoureux, noués court, la feuille rugueuse, la grappe moyenne à grains serrés, le grain petit, oblong, juteux, très doux, sujet à pourrir. — La variété noire produit un vin assez fin et spiritueux, mais peu abondant. C'est par excellence le cépage des terrains arides. — Le piquepoul rose est de beaucoup la plus excellente des trois variétés. Il s'accommode des terrains pauvres et produit de 20 à 40 hectolitres à l'hectare. Le vin qu'il donne est très agréable et d'un blanc analogue au sautérne dont il se rapproche par le goût. — La variété blanche ne présente de particulier que la couleur du grain. Elle donne le même vin que le précédent et forme le cru de Ponsmerol, Marseillan, Florensac, etc.

Les Clairettes ou *Blanquettes* forment une tribu de raisins *blancs* et *roses*, destinés à la table comme à la cuve, et donnant des vins blancs fort estimés, ceux de Limoux, de Maraussan et Marseillan. Leur souche est forte, leurs sarments longs, fins et lisses, feuille peu découpée rugueuse en-dessus, très cotonneuse en-dessous; la grappe fort jolie; le grain oblong, d'un blanc transparent, d'une saveur douce. Le vin qui en résulte est corsé, fin et très délicat. Ils forment les picardants et les rancios du commerce.

Les Muscats, autre tribu considérable, cultivée

CHAPITRE I

à Rivesaltes, à Cazouls, à Frontignan, à Lunel, avec des variétés *rouges*, *grises* et *blanches*, sont recherchés pour la table et pour la cuve. Nous n'avons à parler que des cépages destinés à faire du vin. Tout le monde connaît cet excellent produit, le premier et le plus inimitable des vins de liqueurs. Le cep ne se distingue que par sa feuille, mince, dentée, à lobes aigus, et sa grappe allongée de grains transparents, ronds dorés, clairs et d'un goût exquis. La production ne s'élève pas au-dessus de 25 hectolitres par hectare.

Le Malvoisie est un cépage cultivé dans les Pyrénées. Ses sarments sont rampants et de couleur rouge clair, ses feuilles lisses sur les deux faces, la grappe volumineuse, le grain ovoïde, blanc doré, transparent, savoureux et à peau fine. Il ne mûrit qu'en octobre et donne une petite quantité de vin très estimé. Ce plant est très répandu en Espagne.

Le Machabeu, principalement cultivé à Rivesaltes où il donne un des plus grands vins de liqueur connus, est un magnifique cépage dont la souche élevée, les sarments robustes et les larges feuilles sont accompagnés de grosses grappes à grains ronds, charnus, succulents, dont on tire une quantité de vin relativement petit. Le machabeu ne mûrit que fin octobre.

Le Furmint, originaire de Hongrie où il donne le vin de Tokay, est cultivé en France par quelques œnologues. Ses feuilles sont trilobées, à revers très cotonneux ; sa grappe moyenne ; ses grains ronds, blanc jaunâtre tachetés. Il mûrit de bonne heure, mais il est peu fertile. Ses produits, même en France, sont excellents.

La Petite Syra est l'admirable plant qui produit l'excellent vin rouge de l'Hermitage, sur les coteaux du Rhône. Ce cépage très particulier, apporté, dit-on, d'Orient, par un ermite, a un sarment couleur canelle, à nœuds distants, des feuilles fines, d'un vert gai, la grappe claire, à grain ovalaire d'un goût sucré, d'une couleur foncée et d'une maturité précoce, mais d'un rapport assez mince. C'est un plant qui réussit très bien dans tous les pays et donne des produits supérieurs. — Il existe une *Grosse Syra*, qui ne donne qu'un vin commun.

CHAPITRE I

La Roussane, également cultivée sur les coteaux du Rhône, donne des raisins blancs dont on tire un vin renommé, mais en quantité médiocre. Elle a un sarment foncé à nœuds rougeâtres, et les nœuds rapprochés, des feuilles épaisses et tourmentées d'un beau vert, la grappe lâche, le grain petit, rond, clair semé, roux doré et croquant. Cette espèce mûrit tardivement. — Il y a une *Grosse Roussane* inférieure à la première.

La Marsanne est la troisième variété des plants de l'Hermitage. Son sarment est d'un gris clair, noué, fort long, ses feuilles boursouflées, sa grappe assez courte, à grains gros et serrés. Le vin qu'elle donne est recherché parmi les vins blancs. Elle est préférable à la précédente pour le rendement.

Le Plant vert doré, de Champagne, très répandu, que l'on cultive à côté du pineau blanc chardenay, nommé dans ces contrées *plant doré blanc*, et du Muscadet, qui porte en Champagne le nom de *Plant gris*, est un véritable pineau blanc robuste et fécond. Les qualités particulières des vins que produisent ces cépages, sont dues, partie au terroir, partie aux manipulations particulières, que nous expliquerons plus loin.

Le Muscadet est un cépage blanc cultivé dans le pays Nantais et en Champagne, qui a la qualité de ne pas craindre le froid. Il donne un vin clair, léger et capiteux, un peu aigrelet. C'est une sorte de pineau comme le précédent.

La Mondeuse est un raisin rouge qui a fait la réputation des vins de Savoie et de celui de Montmeillan en particulier ; elle communique à ce produit un bouquet très fin, spécial et justement comparé au bon Médoc. Elle a le grain rond, la grappe allongée et la feuille pâle.

Les Gamets forment une tribu très répandue de raisins, appréciés surtout à cause de leur abondante production. J'en exepte le *petit gamet* à grains ronds qui fournit le vin de Beaujollais et qui est un cépage rouge précieux. Les autres sont surtout féconds et ne donnent un vin convenable que mêlés à d'autres cépages plus fins. On distingue le *gamet d'arcenant*, le *gamet bâtard* et le *gamet bevy*. Ce dernier paraît préférable aux

CHAPITRE I

autres. Le bois est vert, les feuilles moyennes, les nervures rouges; la grappe forte formant angle avec le cep; le grain ovoïde d'un beau noir. Il ne redoute pas le froid et n'est pas sujet à pourrir.

Le Risling est une des nombreuses espèces cultivées dans la Moselle. Sa souche est très brune, ses sarments minces, flexibles et jaune clair; les feuilles irrégulières d'un vert foncé, velues en-dessous; la grappe courte et petite; les grains inégaux, ronds, blancs, pointillés, d'une chair ferme et sucrée. Le vin de ce cépage est le plus estimé des vins du Rhin, avec ceux du *gentil-duret*, et du *tokay*, que nous avons décrits sous le nom de *furmint*.

La Folle blanche, spécialement cultivée dans les Charentes pour les vins de chaudière, est un cépage blanc qui n'a rien de remarquable que sa grande fécondité, et le goût fade des gros grains de ses grappes nombreuses. Quand on n'en veut pas faire de l'eau-de-vie, on le mêle à d'autres cépages pour obtenir un vin qui ait quelque tenue.

Nous pourrions ajouter à cette liste déjà longue le *Meunier*, le *Gouais*, le *Giboudot* et quelques autres cépages cultivés dans de petites contrées. Ceux que nous avons décrits sont les plus connus et suffisent au delà pour permettre aux vignerons un choix judicieux et fructueux.

III. Plantation de la vigne. — On se sert pour planter la vigne de boutures de marcottes, ou de plants racineux. Il va sans dire que les plants racineux sont préférables, parce qu'ils font gagner au moins un an. Il faut les acheter dans le pays où se cultive le cépage que l'on veut introduire dans sa vigne. Un plant qui a deux ans de pépinière économise une année de culture et se vend de 10 à 15 francs le mille.

En France, les vignes sont plantées en quinconces ou en lignes. Dans la première manière, la culture ne peut se faire qu'à la main et coûte en moyenne 180 francs par hectare. Dans la seconde, la culture se fait en partie à la charrue et ne revient qu'à 60 francs par hectare. Nous conseillons donc la plantation en ligne partout où elle sera praticable.

CHAPITRE I

C'est au mois de mars que doit se faire cette opération. Le terrain étant suffisamment meuble, on commence par tracer les lignes de plantation au cordeau. Elles doivent être dirigées du nord au sud, et de l'est à l'ouest, espacées d'un mètre, et chaque cep doit être à un mètre du précédent. Lorsque la place de chaque cep est déterminée, un ouvrier fait le trou de 30 centimètres de profondeur; un enfant apporte et place les plants dans chaque trou; une femme distribue à l'aide d'une mesure le compost ou engrais qu'elle porte dans un panier ; le planteur saisit le plant, place l'engrais, ramène la terre et passe au trou suivant. Un atelier ainsi composé plante 2,000 pieds par jour. Il faut dix mille pieds par hectare et dix mètres cubes de compost. La main d'œuvre de la plantation d'un hectare en plant enraciné est de 100 francs environ ; le prix du plant, 140 francs ; le prix de l'engrais, 200 à 300 francs.

Ce mode de plantation est excellent mais coûteux : on peut le réduire des deux tiers en employant, comme dans le Médoc, la haque, ou

gros piquet qui fait un trou dans lequel on met
à la fois une bouture et un peu d'engrais. La
bouture sans racines vaut à peine 5 francs le
mille, et la plantation par ce premier ne coûte que
60 francs l'hectare. Mais avec ce système, il faut
attendre quatre ans la première récolte.

Pendant l'année qui suit la plantation de la
vigne, elle a besoin seulement de labours afin de
tenir le terrain net de toute végétation parasite.
On remplace les plants qui sont morts à l'entrée
de l'hiver, mais on se garde de les tailler.

Pendant la deuxième année, on continue les
mêmes soins et on remplace encore les plants qui
n'ont pas réussi. Si le sol est pauvre et qu'on ait
à proximité de bonne terre végétale, le moment
est excellent pour faire un vigoureux binage.
Cinquante mètres cubes par hectare, c'est-à-dire
cinq litres par cep, apportés pendant l'hiver,
seraient certainement l'occasion d'une pousse très
vive. Quelques personnes taillent à la deuxième
feuille. On fait un premier binage au printemps,
un second en juin et un troisième en septembre.

Pendant la troisième année, il est d'usage de

CHAPITRE I

placer les échalas. — Dans quelques contrées, on soutient la vigne sur un seul échalas par cep. C'est un mode vicieux, parce que les liens qui serrent tous les pampres autour de l'échalas privent les feuilles et surtout les fruits d'air et de soleil. — A Chablis, on plante jusqu'à cinq échalas pour étaler les sarments d'un cep ; c'est un moyen coûteux. — M. Guyot propose d'avoir pour chaque cep un petit échalas, et pour chaque ligne un certain nombre de gros échalas, sur lesquels sont tendues deux rangées de fils de fer galvanisés, de manière à bien palisser la vigne comme un espalier; ce qui est extrêmement facile, puisque la nature a pourvu cette plante de vrilles au moyen desquelles elle se fixe elle-même aux appuis que l'on met à sa portée. Cette méthode est très bonne, mais un peu chère. — Pour ce qui est de laisser ramper la vigne sans soutien, comme on fait en Poitou, c'est de parti pris vouloir se contenter de raisin vert et pourri qui ne peut donner qu'un vin de qualité inférieure.

Il faut encore, pendant cette troisième année, fumer la vigne. Soixante mètres cubes de fumier de ferme par hectare ne sont pas trop. — Enfin, on conseille quatre binages pour chasser les mauvaises herbes, et une taille bien entendue.

A partir de ce moment, la jeune vigne entre dans la culture générale.

IV. Façons de la vigne. — En dehors du palissage, dont nous avons déjà parlé, et de la taille, dont il sera traité dans un article particulier, la vigne a besoin chaque année de certaines façons, parmi lesquelles nous signalerons le sarclage, le labour, l'épamprage, et, pour quelques-unes, le paillassonnage, le pinçage, etc.

Sarclage. — Sarcler une vigne, c'est nettoyer le sol dans lequel elle végète, et en enlever avec soin les mauvaises herbes et le chiendent. Cette façon est généralement superficielle ; elle peut s'exécuter à la main dans tous les terrains, avec une petite houe pleine : dans les terrains qui le permettent, elle s'exécute avec beaucoup moins de frais avec un cheval et un araire.

Labour. — Labourer une vigne, c'est lui donner des façons profondes, qui consistent alternativement à relever en dos d'âne, entre les

CHAPITRE I

souches, les mottes arrachées à leur pied, afin de faire subir à la terre, sur une surface considérable, l'action fertilisante de l'air atmosphérique, et de couper ensuite ces mottes par une seconde façon, pour en chausser les pieds et activer leur fertilité. Ce travail, comme le binage, peut se faire, et se fait très bien à la main, à l'aide d'un outil appelé houe ; mais il se fait de la sorte chèrement, tandis qu'avec la charrue appropriée, celle de Laloyère, par exemple, il y a une économie de plus de moitié, même en faisant repasser par un vigneron avec sa houe l'ouvrage qui a été fait par la charrue.

Depuis les temps anciens, il est d'usage de donner à la vigne trois façons : « Il y a trois mouvements naturels dans la vigne, dit Columelle, le premier qui la fait grossir, le second qui la fait fleurir, et le troisième qui la fait mûrir. Il y a lieu de penser que les labours servent à animer ces mouvements, parce que la nature ne parvient à l'objet de ses désirs qu'autant qu'elle est aidée par le travail. » — On donne les façons en hiver, au printemps et dans le courant de l'été. D'après le docteur Guyot, il faut se garder de donner des façons à la vigne quand le sol est assez mouillé pour s'attacher aux pieds ou aux instruments, car alors les herbes séparées du sol et les graines en germination reprennent trop facilement leur place, et de plus le sol, travaillé et pressé, devient dur et n'est plus perméable aux pluies. La même observation s'adresse au temps de gelées fortes ou faibles.

Ebourgeonnement. — Cette opération, qui n'est pas répandue partout, consiste à supprimer après la fleuraison les bourgeons non fructifères, afin de concentrer sur les premiers la force de la végétation. On la considère comme inutile, et même nuisible dans le Midi, où elle prive les raisins d'une partie de l'ombre dont ils ont besoin pour les défendre des ardeurs du soleil; mais dans les climats plus frais, et quand on a affaire à des vignes très touffues, ce n'est point une opération inutile.

Epamprage. — L'épamprage consiste à enlever les feuilles qui couvrent les raisins, dans les vignes touffues, quelques jours avant la vendange.

CHAPITRE I

Cette opération demande à être menée avec prudence. La perte des feuilles arrête quelquefois la végétation.

Pincement. — Le pincement consiste à retrancher l'extrémité des sarments fructifères quelques jours avant la floraison. On l'enlève avec l'ongle du pouce sur une longueur d'un centimètre environ. On arrête ainsi la végétation du sarment au profit des raisins, on favorise la floraison, et la coulure est moins à craindre. C'est une méthode qui doit souvent donner de bons résultats, quoiqu'elle soit souvent négligée.

V. Taille de la vigne. — La taille de la vigne est un art des plus importants, dont le but est de tourner les forces végétatives de la plante vers la production du fruit.

Les méthodes suivies dans la taille de la vigne sont extrêmement nombreuses, et je ne saurais les décrire ici. Elles doivent toutes reposer sur ce principe : *Une taille courte donne de la vigueur au bois, mais diminue la production du fruit; une taille longue augmente la production du fruit, mais épuise la souche.* C'est pourquoi nous admirons et nous préconisons par-dessus toutes les autres la taille dite du docteur Guyot, dont voici la description : « Tous les sarments doivent tomber au ras de la souche, sauf les deux sarments principaux et les mieux disposés. L'un qui doit fournir la branche à fruits, est laissé de toute sa longueur, abaissé horizontalement et attaché à un petit pieu ; l'autre sarment est rogné en crochet à deux yeux, et attaché à un long pieu ou échalas, pour croître en hauteur et constituer la branche à bois. »

Si l'on examine, dit M. Vergnette-Lamothe, les avantages de cette méthode, on reconnaîtra qu'elle est très rationnelle. Il est établi que les plus hauts yeux d'un sarment sont les plus fructifères. En laissant tous ses yeux à la branche à fruits, M. Guyot obtient plus de raisins que nos vignerons, qui ne conservent dans leur taille que les yeux inférieurs. D'ailleurs, la position horizontale qu'affecte la branche à fruits est, comme le savent tous les arboriculteurs, éminemment favorable à la production des grappes. Par des raisons toutes contraires, en élevant verticalement

CHAPITRE I

la branche à bois, on se place dans les meilleures conditions pour obtenir une grande force végétative.

Ajoutons que la taille conduite d'après ces principes, répondant à la fois à la production vigoureuse du bois et à la fructification régulière de la vigne, permet d'obtenir une récolte presque aussi abondante avec les fins cépages, qui passent pour peu productifs, qu'avec les cépages vulgaires, comme le gamet, dont le principal mérite est de pousser des grappes jusque sur la souche.

M. Guyot veut qu'on taille le plus tard possible, quelques jours seulement avant l'épanouissement des bourgeons, du 15 février au 1er avril, afin de pouvoir choisir pour porte-fruits le sarment qui a les plus beaux bourgeons, et remédier ainsi aux gelées de l'hiver.

VI. Engrais. — On a souvent discuté pour savoir s'il fallait fumer la vigne. D'une manière générale, il paraît certain que les vins récoltés dans les plantations qui ne reçoivent aucun engrais sont d'une qualité supérieure aux autres ;

mais la différence de produit, et par conséquent de revenu, entre les vignes fumées et celles qui ne le sont pas, atteint des proportions telles, qu'on ne peut guère empêcher le vigneron d'avoir recours à cette source de fortune. Encore mieux vaut-il fumer les vignes plantées de bons cépages, que de les arracher pour leur substituer des cépages plus productifs et d'une qualité inférieure, comme font tant de cultivateurs.

On distingue plusieurs espèces d'engrais pour les vignes : ce sont les amendements, les composts et les fumiers.

Amendements. — Les amendements consistent en apports de sable siliceux dans les vignes calcaires, et réciproquement des marnes ou craies, dans les terrains siliceux ; on ne doit pas craindre un résultat fâcheux de cette opération, qui ajoute à la fertilité de la vigne sans détruire la finesse du vin. — Le *terrage*, ou apport de terre fertile sur le sol maigre, est une autre opération également fructueuse, surtout lorsque le sol manque de profondeur.

Les *composts*, qui sont des mélanges de terre

CHAPITRE I

et de fumier, ne doivent pas être employés pour la vigne s'ils ont déjà fermenté; les fougères, les pailles, les chiffons de laine, les feuilles et autres denrées à compost donnent un meilleur résultat en les enfouissant directement au pied des ceps, où ils fermentent à loisir pendant leur décomposition, avec un profit considérable pour les racines de la vigne.

Le *fumier* de ferme est le plus facile à se procurer, et les remarques les plus judicieuses portent à croire que ce fumier mis dans les vignes donne un même poids de raisins. — Il faut, par an, trois livres de bon fumier par cep, et, par économie, en ne fumant que tous les trois ans, on en dépose six livres à la fois. Ce chiffre peut être un peu augmenté pour les mauvaises terres, et un peu diminué pour les bonnes. Dans ces proportions, ne craignez rien pour la qualité du vin de vos vignes, si vos cépages sont de bonne qualité.

VII. Maladies et ennemis de la vigne. — Cette partie de la viticulture étant absolument en dehors de mon sujet, je ne puis en dire que quelques mots.

Maladies. — Les arbres, comme les animaux, sont sujets à des maladies. La vigne n'est point exempte de ce tribut : — *Gelées.* — Par les hivers rigoureux, lorsque la température descend à douze degrés au-dessous de zéro, sans que la terre soit couverte de neige, les vignes gèlent dans leurs ceps et leurs racines. C'est une perte énorme, car il faut arracher les cépages morts. — D'autres fois, au printemps, quand la vigne débourre, il survient une gelée à un ou deux degrés au-dessous de zéro : c'en est assez pour détruire la récolte de l'année. On a préconisé contre ces accidents un système de paillassonnage très ingénieux, mais aussi très coûteux, et qui ne peut couvrir ses frais que dans un grand cru. — La *coulure* est un autre fléau des vignobles. La sécheresse, la pluie, le froid sont des causes fréquentes de coulure, et empêchent tantôt le fruit de nouer, tantôt le flétrissent avant qu'il ait eu le temps de se développer. — La *pourriture* est encore une maladie fréquente dans les vignes mal échalassées, trop couvertes de feuilles, et exposées à toutes les autres causes

CHAPITRE I

qui maintiennent le grain dans une humidité prolongée. Le raisin pourri donne de mauvais vin.
— Le *charbon*, qui doit son nom à la teinte noire des rameaux et des raisins atteints, se produit lorsqu'à la suite d'une longue humidité survient tout à coup un soleil brûlant. Les parties frappées deviennent rabougries, changent de couleur et périssent, sans que les grappes qui y sont attachées puissent achever de mûrir et de se développer.—
L'*oïdium*, connu seulement depuis 1845, est une maladie terrible dans laquelle les feuilles et les grappes se couvrent d'une sorte de champignon microscopique qui en arrête le développement et leur donne une teinte cendrée d'un aspect repoussant. Cette maladie est une ruine pour les vignobles qu'elle envahit. On lui oppose le souffrage à la fleur de soufre répandue à l'aide d'un soufflet spécial.

Les *insectes* nuisibles à la vigne sont plus nombreux encore que les maladies auxquelles elle est sujette. On cite dans cette catégorie : la *Pyrale*, la *Lisette*, le *Philloxera ;* nous renvoyons le lecteur à ce qui en a été dit dans notre volume des *Animaux nuisibles à l'agriculture*.

II

De la fabrication du vin.

« Une belle récolte de raisins, mûrs et abondants, dit M. Guyot, est une véritable conquête, fruit d'une campagne de six mois, dans laquelle il a fallu surmonter les gelées du printemps, les pluies froides de juin, la grêle, les insectes et la maladie. Rien n'est plus émouvant que la lutte du vigneron contre les fléaux qui attaquent son œuvre sans relâche, et jusqu'au dernier moment. Aussi, dans les pays vignobles, une belle vendange est-elle un triomphe général, qui se traduit par un redoublement de travail, d'animation et d'allégresse de leurs populations.

On sait qu'il existe de grandes différences entre les époques de maturité des variétés de raisins, cultivés dans les divers vignobles de la France ;

CHAPITRE II

mais cette condition est tellement importante pour avoir de bon vin, qu'avant de décrire les manipulations variées que subit le fruit de la vigne pour arriver à ce résultat, notre devoir est d'insister sur les signes auxquels on reconnaît que la baie du raisin est parvenue à sa complète maturité.

Voici la description qu'en donne M. Vergnette-Lamotte : — « La queue du fruit mûr est brune et dure ; le grain est d'un bleu noir mat, ou d'un blanc transparent, souvent doré ; il se détache facilement de la grappe, il laisse à cette grappe un long fil d'un rose tirant sur le violet ou d'un blanc de verre transparent ; ce fil est d'autant plus long que la maturité est plus avancée. Le duvet qui couvre la baie est persistant ; le pépin est d'un vert foncé, tirant sur le brun à son sommet ; en écrasant la pellicule du grain entre les doigts, on la trouve relativement mince, eu égard aux espèces. »

Dans ces conditions de maturité, on peut procéder à la vinification, avec la presque certitude d'un bon résultat. Nous traiterons ce qui se rap-

porte à ce chapitre sous les neuf chefs suivants :
— Vendanges, — Fabrication des vins blancs,
— Fabrication des vins rouges, — Fabrication
des vins mousseux, — Mise en fût, etc.

I. Vendanges. — Après avoir formulé en
principe qu'il faut faire les vendanges le plus
tard possible en saison, et attendre, pour ainsi
dire, que le grain tombe de la rafle et soit
presque mêlé, les grands viticulteurs sont d'accord à prescrire de faire en un seul jour la levée
de tous les raisins qui doivent fermenter ensemble.

« Cueillez-le par un temps de soleil, autant
que possible, dit M. Guyot, et jamais par un
temps de pluie, et ramassez le raisin assez rapidement pour remplir la cuve en un seul jour.
S'il pleut, attendez, sans vous préoccuper trop
de quelques grappes bletties; le beau temps viendra. S'il fait froid aujourd'hui, il fera chaud demain. Attendez; neuf fois sur dix vous y gagnerez
cent pour cent. »

Il est d'usage de grouper les vendangeurs,
femmes, enfants, vieillards, armés chacun d'un

CHAPITRE II

panier et d'une serpette, de manière à ce que la même personne suive le même rang de ceps dans sa longueur, examinant avec soin tous les sarments, et coupant tout ce qui se trouve, pour le poser doucement dans son panier. A mesure que les paniers sont pleins, un homme les verse dans sa hotte et va lui-même vider sa charge dans des caques ou charreaux, qui sont des demi-tonneaux d'une capacité de deux hectolitres, disposés à l'avance le long des allées. Les récipients, à leur tour, sont emportés pleins à la vinée, ou pressoir, par des charrettes qui, après les avoir vidés comme il sera dit, viennent les remettre en place. — On a calculé qu'un vendangeur peut cueillir deux hectolitres de raisin par jour, qu'un porteur suffit à cinq vendangeurs, et une charrette à cinq porteurs, pourvu que la distance de la vigne à la vinée ne dépasse pas deux kilomètres. — Vingt personnes peuvent ainsi vendanger un demi-hectare par jour, et amasser en dix jours, sur cinq hectares, mille hectolitres de raisin, produisant quatre cents hectolitres de vin.

» Si les vignes ont été plantées de même cépage

dans les mêmes pièces de terre, si elles ont été naturellement ou artificiellement préservées des gelées, si elles n'ont point été grêlées et qu'on attende le plus tard possible pour vendanger, il est avantageux d'opérer toute la vendange en une seule fois. Soit par l'effet des gelées du printemps, soit par suite de la coulure ou de la grêle, soit enfin à cause du mélange de cépages plus ou moins hâtifs, il y a des années où, dans certaines localités, les raisins mûrissent successivement, et quelquefois à des intervalles de plusieurs semaines. C'est seulement dans ces circonstances exceptionnelles qu'il peut être avantageux de procéder à plusieurs récoltes successives. Mais lorsque cette pratique n'a pour motif que le désir de cueillir le raisin à mesure qu'il paraît suffisamment mûr, elle doit être absolument proscrite, car ce raisin, qu'il soit mûr en réalité ou en apparence, peut rester très utilement attaché au cep, en attendant la maturité des autres raisins. »

Pour les cépages très fins, il est recommandé de faire, au moment de l'arrivée à la maison,

CHAPITRE II

un triage sévère des grains verts, gelés, grillés ou pourris. Les rebuts qui résultent de ce triage ne sont pas perdus, mais ils sont mis à part pour faire des vins inférieurs qu'on livre à la consommation locale.

Un mot encore sur l'*Egrappage*. C'est une opération qui consiste dans la séparation de la queue du raisin ou rafle d'avec les grains. L'observation et l'expérience ont également constaté les avantages et les inconvénients de l'association de la rafle aux opérations de la vinification. La moitié des vignobles de France repousse l'égrappage, et l'autre moitié la pratique avec soin. On reproche à la rafle de rendre les vins durs, acerbes, astringents; on reconnaît qu'elle leur donne du corps, du goût et qu'elle en assure la conservation. La question en est là.

II. Fabrication des vins blancs. — Tous les cépages, tous les raisins, noirs, violets, roses, gris, jaunes ou blancs, peuvent produire des vins blancs. Pour obtenir ce résultat, il suffit de séparer le jus des raisins, des rafles, des pellicules et des pépins avant que la fermentation commence à s'établir.

Il arrive souvent qu'un raisin, propre seulement à donner un mauvais vin rouge, donne un vin blanc passable. Mais pour faire les grands vins blancs, il faut non seulement des cépages de première qualité; il faut par-dessus tout l'unité du cépage et la maturité complète. « Plus vos raisins seront pansis et blettis, dit le docteur Guyot, plus votre vin sera parfait. » Si ce degré de maturité s'obtient au cep, votre vin vaudra de l'or; si la maturité s'achève sur la paille, c'est moins bon, mais votre vin vaudra encore de l'argent. Sauterne vendange le 15 octobre : son vin est estimé et vaut 1,000 francs le tonneau. Le marquis de Lur-Saluces, avec les mêmes cépages, vendange le 15 novembre et fait le vin de Château-Yquem, qui vaut 10,000 francs le tonneau.

La première opération à faire sur la vendange rendue à la vinée, et qu'on veut transformer en vin blanc, est le *foulage* ou écrasement des grains, soit avec, soit sans la rafle. Ce travail se fait à pieds d'homme, sans chaussures, pour ne

CHAPITRE II

pas écraser les pépins. Une fois bien lavés, les pieds sont aussi propres que les mains de nos cuisinières, qui ne nous inspirent aucune répugnance, dans la préparation journalière de nos repas. Il doit se faire, non pas dans une cuve, où l'homme entrerait jusqu'à mi-corps, mais dans une maie ou plate-forme inclinée d'un centimètre par mètre, et n'ayant qu'un rebord de vingt centimètres.

Ce foulage à pieds nus, exercé sur une petite quantité de raisins à la fois, un hectolitre, par exemple, suffit pour faire rendre au grain les trois quarts de son jus, et ce *moût* vierge, recueilli au goulot de la maie, peut être employé, si l'on veut, très utilement à faire du vin blanc, sans avoir recours au pressoir, quand il s'agit simplement de quelques barriques à prélever sur une récolte de vin rouge. La rafle est alors mêlée au reste de la vendange, comme il sera expliqué ailleurs. Mais si l'on veut faire une vraie récolte de vin blanc, il faut, après que la vendange est foulée, la mettre sous le pressoir.

Il n'entre pas dans mon sujet de décrire les

LES CLEFS DE LA CAVE

variétés de pressoirs. Les meilleurs ne sont pas ceux qui pressent le plus fort, ni ceux qui coûtent le plus cher, mais ceux qui pressent le plus vite et nécessitent le moins de main d'œuvre. A mesure que le moût coule, débarrassé des râpes et des pellicules, il est recueilli au goulot du pressoir dans une cuve.

Préalablement on a disposé les tonneaux qui doivent servir à la fermentation. Ce sont en général des barriques ordinaires de deux cent cinquante litres. On les installe dans des locaux clos et couverts, comme un hangar, par exemple, et le plus possible à portée du pressoir. On en met approximativement un nombre un peu plus considérable qu'il n'est nécessaire pour le moût à contenir, vingt-deux pour vingt par exemple ; et immédiatement, à mesure que le jus coule, on le répartit également dans toutes les pièces à la fois, c'est-à-dire que dans chaque pièce on verse un ou deux brocs du premier jus, puis autant du second, et ainsi de suite, jusqu'à ce que les neuf dixièmes de leur capacité soient atteints.

CHAPITRE II

Le moût étant placé dans les tonneaux, pleins aux neuf dixièmes, bien rangés et bien calés sur leurs chantiers, on se contente de couvrir le trou de bonde avec une feuille de vigne et un tuileau par-dessus, et l'on attend la fermentation.

Elle commence au bout d'un jour ou deux, et dure environ trois semaines. Pendant ce temps, si l'on regarde à la bonde, on voit d'abord des bulles se former et crever successivement, en produisant une écume d'un gris sale. En même temps, la masse du liquide se gonfle, et si le tonneau était plein, on verrait pendant plusieurs jours cette écume se renouveler et couler sur les parois du tonneau. En prêtant l'oreille, on entend une crépitation, un pétillement continus, et si l'on plonge le doigt, on s'aperçoit que la température du moût s'élève de plus en plus. La science chimique explique très bien ce phénomène. La fermentation vineuse est produite par la partie sucrée du raisin, qui se transforme en esprit et en acide carbonique, sous l'influence de l'air et de la chaleur. La précaution prise de ne pas remplir exactement le tonneau a pour but d'empêcher une perte considérable du liquide précieux par le dégorgement : l'écume tombe au fond du tonneau avec la lie, sans danger pour le vin.

Après avoir attendu patiemment que le bouillonnement cesse et que la chaleur s'abaisse, ce qui demande une quinzaine de jours ou trois semaines, comme nous avons dit, on remplit avec soin les tonneaux, en en sacrifiant un ou deux, et on les bonde, mais sans scellement, c'est-à-dire sans trop enfoncer la bonde, de peur d'une reprise de fermentation, qui pourrait faire éclater le fût.

On attend ainsi la saison froide, en remplissant les pièces une fois par mois, et au mois de décembre, après avoir collé les vins blancs avec quatre blancs d'œuf, cinq grammes d'acide tartrique et dix grammes de tannin par hectolitre, on les soutire avec précaution dans des fûts neufs, ou du moins bien nettoyés ; on remplit exactement, on bonde, et l'on descend les vaisseaux dans une cave fraîche, où ils doivent rester deux ou trois ans, en ayant soin de sou-

CHAPITRE II

tirer chaque année, par un beau temps sec et froid.

III. Fabrication des vins rouges. — Les vins rouges demandent un peu plus de travail que les blancs, et au lieu de fermenter dans de petites pièces, ils demandent à fermenter dans des tonneaux d'une grande capacité.

Pour eux, après l'écrasement du raisin, soit à pieds d'hommes, soit à l'aide de mécaniques spéciales, la vendange et le moût qui en a coulé sont jetés ensemble dans de vastes cuviers, contenant en moyenne de vingt à quarante hectolitres, et construits solidement en bois de chêne dans la forme d'une barrique ordinaire, qui serait défoncée par le haut et porterait à la base un puissant robinet, muni à l'extrémité interne d'un fagotin de sarments pour arrêter les pellicules et la rafle.

On recommande de compléter toujours une cuve le jour où l'on commence à la remplir, afin que la fermentation de toute la vendange qu'elle contiendra soit à peu près simultanée. Mais il ne faut pas la remplir entièrement, attendu qu'au moment de la fermentation le marc étant soulevé par l'acide carbonique, l'écume monte entre lui et la cuve, et menace de se déverser au dehors en abondance, entraînant une quantité de liquide souvent considérable.

La partie supérieure du marc qui se soulève ainsi et bientôt se durcit, porte le nom de *chapeau*. Si le chapeau surmonte la cuve, il aigrit constamment; mais s'il reste à quelques centimètres au-dessous du bord supérieur de la cuve, il n'aigrit pas, parce que l'acide carbonique qui se dégage de la vendange, et qui est plus lourd que l'air, forme au-dessus du marc une couche impénétrable. La précaution de couvrir les cuves, prise par quelques vignerons, ne paraît pas utile aux vins rouges ordinaires, qui doivent rester peu de temps sous chapeau.

La fermentation des vins rouges est excitée, ralentie ou précipitée par la température de l'air ambiant, le degré de maturité des raisins et l'étendue de surface de la cuve. Elle commence généralement dans les douze premières heures. Si elle tardait trop, on la pourrait provoquer en

CHAPITRE II

chauffant l'appartement. Elle se manifeste d'abord par la séparation des liquides, qui descendent au fond de la cuve, et des solides, qui gagnent le dessus, puis par le bouillonnement, facile à percevoir, et par l'élévation de température, qui s'élève jusqu'à vingt-cinq ou trente degrés. M. Guyot conseille de ralentir ce mouvement une ou deux fois pendant la durée de la fermentation, à l'aide d'un bâton fouleur fort ingénieux. Il affirme que ce procédé augmente la couleur, la quantité de tannin et donne de la force au produit. Cependant cette méthode n'est pas généralement suivie.

Rien de plus variable que la durée de la cuvaison. On doit dire d'une manière générale que la longue cuvaison est préjudiciable à la qualité du vin, mais il n'y a pas de règle fixe. La pratique la plus rationnelle est de tirer le vin lorsque le bruit de bouillon cesse et que le marc descend. Cela arrive quelquefois au bout de deux jours, comme à Thorins, ou de trois, comme au Clos-Vougeot, ou de cinq ou six, comme à Saint-Emilion ; mais cette limite est, croyons-nous, la limite extrême. C'est à tort que le vin de l'Hermitage est maintenu jusqu'à un mois dans la cuve.

Au signal donné, tirez donc votre vin, et, tout trouble encore, portez-le dans des vaisseaux neufs de bois de chêne dont la capacité ne dépasse pas quatre hectolitres, puis hâtez-vous de porter le marc au pressoir ; pressez sans trop de force, recueillez le jus, qui doit être à peu près d'un hectolitre sur vingt, et répartissez-le avec égalité, dans les vaisseaux où vous avez mis le premier. Le vin de presse possède avec excès les principes conservateurs du vin et les communiquera à toute la récolte.

C'est au tonneau que le vin achève de se refroidir et de s'éclaircir. Les tonneaux peuvent, si l'on veut, séjourner dans la vinée jusqu'à la Saint-Martin. On ne les bonde définitivement que quand ils sont complètement refroidis.

IV. FABRICATION DES VINS DE MACÉRATION. — Pour faire les vins de macération, qu'on peut appeler vins bleus ou noirs, il faut se garder de pratiquer l'égrappage. On foule la vendange

CHAPITRE II

comme pour les vins rouges ordinaires, et on la jette dans la cuve, rafle et jus, en prenant soin de ne pas la remplir, comme il a été dit ci-dessus.

C'est plus que jamais le cas d'éviter que le chapeau ne surmonte la cuve, et ne soit ainsi exposé à s'aigrir, car il pourrait communiquer ce défaut à toute la cuvée. Aussi la fermeture des cuves, qui est regardée comme superflue lorsqu'il s'agit d'un séjour de quelques jours de la vendange dans ces vaisseaux, devient-elle nécessaire quand on doit prolonger la macération pendant plusieurs semaines, comme cela se pratique dans le Midi, pour ces vins spéciaux qui empruntent à une surabondance de couleurs et de tannin les qualités qui les font rechercher des marchands.

Nous ne devons pas négliger de dire que le vin macéré n'acquiert la couleur et le tannin qu'aux dépens de sa force et de son goût. En prenant pour point de comparaison les fruits à l'eau-de-vie, qui se conservent à cause du sucre et de l'alcool qui les entourent, mais finissent à la longue par décomposer les deux éléments de conservation, on comprendra que les vins se conservent également par le sucre et l'alcool qu'ils contiennent, mais qu'ils finissent par s'user si les autres substances contenues dans ce liquide, tels que la matière colorante et le tannin, sont en excès.

Il ne faut donc jamais, en thèse générale, et sauf les vins de liqueur, faire du vin de macération pour le boire : car la macération tue le vin. Si vous travaillez pour le commerce, c'est autre chose. On ne peut nier que ces produits donnent de la couleur aux autres vins avec lesquels on les associe pour faire des vins coupés.

A part la durée de la cuvaison, qui est variable dans chaque contrée entre quinze et soixante jours, les vins macérés au sortir de la cuve se traitent comme il a été dit pour les autres vins rouges. On peut bonder les pièces aussitôt qu'elles sont remplies.

V. Fabrication des vins mousseux. — La fabrication des vins mousseux de bonne qualité est à peu près concentrée en Champagne, ce qui ne veut pas dire que les raisins d'autres pays soient impropres à cet usage. On y emploie non

CHAPITRE II

seulement les vignes blanches, mais la plupart des vignes rouges de la contrée. Ce produit est à la fois le fruit de l'observation scientifique et de l'observation traditionnelle.

Pour l'obtenir, il faut d'abord mettre un soin scrupuleux à presser la vendange avant toute fermentation, afin d'éviter la plus légère coloration du moût. Aussitôt après le pressurage, les jus sont mis en tonneaux directement. Leur fermentation s'effectue doucement, lentement, dans des fûts d'une contenance moyenne de deux hectolitres, à une température de quinze à vingt degrés.

Jusqu'ici, le premier traitement des vins destinés à être mousseux ne diffère pas du traitement des vins blancs ordinaires. Mais la première différence est que les vins mousseux doivent être descendus en cave fraîche avant d'avoir achevé leur fermentation et transformé en alcool tout le sucre dont ils sont pourvus. Il y a même pour cela une limite très importante à observer. Il faut, pour ne pas manquer la mousse, un vin qui contienne, par hectolitre, pas plus et pas moins de deux kilogrammes de sucre non décomposé.

Avant de recourir à l'expertise qui doit faire reconnaître la proportion exacte qui se trouve dans chaque cuvée, il est d'usage de procéder, vers le vingt décembre, au soutirage et au coupage de diverses sortes de cuvées issues de cépages rouges et blancs. On sait par expérience que les vins de la montagne de Reims apportent le corps et la vinosité ; ceux de la rivière de Marne, le moelleux ; ceux de la côte d'Avise, la blancheur, la finesse et la légèreté. Ce coupage terminé, et l'importance en est très considérable, puisque les proportions en sont tenues secrètes aux archives de chaque famille, on colle légèrement les vins, et on y ajoute une petite quantité de tannin et d'alun.

On enseigne qu'à partir de la première quinzaine de janvier, le fabricant doit procéder chaque semaine à l'examen de ses coupages. Pour cela, on pèse exactement sept cent cinquante grammes de vin, et on le met sur un feu doux, dans une capsule de porcelaine, jusqu'à ce qu'il soit réduit au sixième, c'est-à-dire à cent vingt-cinq grammes.

CHAPITRE II

On verse avec précaution ce résidu dans une éprouvette à pied, on laisse refroidir jusqu'à douze degrés, puis descendant un glucomètre dans le liquide, on s'assure du degré de flottaison. Si ce petit appareil marque douze degrés, le moment est venu de tirer la cuvée. Le tirage est encore bon à onze; mais à moins de dix, il faut que le vin soit remonté avec un sirop déterminé, qui porte le nom de *liqueur à vin*.

Quelle que soit l'époque de l'hiver ou du printemps où le vin répond aux indications ci-dessus, on doit aussitôt le mettre en bouteille dans des bouteilles neuves, d'un verre très cohérent, et d'un poids moyen de huit cent soixante-quinze grammes, avec des bouchons de choix, solidement assujettis au moyen d'une machine spéciale. On se hâte ensuite de le mettre en petits tas, jusqu'à ce qu'on s'assure, par quelques fractures spontanées, que la mousse est prise, ce qui ne demande que trois ou quatre jours. Les opérations suivantes : descente en cave fraîche et remontage progressif, mise sur pointe, dégorgement, introduction de la liqueur d'expédition, etc., sont des manipulations qu'il faut voir pour bien les comprendre.

VI. Fabrication des vins de liqueur. — On donne le nom de vins de liqueur à des vins qui restent sucrés après la fermentation, et sont généralement réservés pour le dessert. Tous les raisins bien mûrs peuvent au besoin donner un vin de liqueur. Il suffit pour cela d'obtenir que le moût soit assez sucré pour marquer vingt degrés au glucomètre avant le commencement de la fermentation.

On peut arriver à ce résultat, soit en laissant mûrir les raisins à la vigne sous un très chaud soleil, comme dans le Midi, soit en faisant subir aux raisins l'évaporation désirée, à la maison, dans des séchoirs ou étuves, soit encore, ce qui est plus facile et moins parfait, en concentrant le moût, par l'ébullition dans une vaste chaudière, jusqu'à trente degrés du glucomètre, par exemple, et le mêlant ensuite, pour le faire fermenter, à une quantité de moût ordinaire qui le réduise à vingt degrés.

Ce moût à vingt degrés, de quelque manière

CHAPITRE II

qu'il soit obtenu, est ensuite traité selon la méthode ordinaire et déjà décrite, avec ou sans la râpe, suivant qu'on veut donner au vin une couleur rouge ou blanche : mais dans l'un et l'autre cas, il faut le tirer et le mettre en fût, sans attendre que la fermentation soit terminée ; car plus les vins sont chargés d'éléments sucrés, plus leur fermentation est lente, et moins ils parcourent rapidement leurs diverses phases pour arriver à leur perfection.

Il convient donc de mettre ces produits en grands vaisseaux, dans des locaux secs et chauds, où le vigneron les surveille, jusqu'à ce qu'ils soient bons à mettre en petits fûts ou en bouteilles pour arrêter la fermentation au bon moment.

VII. EMPLOI DE LA RAPE. — La râpe pressée des raisins blancs ou rouges ne doit point être abandonnée comme inutile. On peut, au contraire, l'utiliser de trois manières différentes.

Généralement on l'emploie à faire une boisson aigrelette, qui porte le nom de *piquette* et qui est très usitée dans les fermes. Pour la produire, il suffit de remplir aux trois quarts un fût avec de la râpe, qu'on a eu soin de désagréger : on fonce le fût, on remplit d'eau ; on laisse fermenter pendant quinze jours ; on bonde, et l'on tire, à mesure des besoins, jusqu'à épuisement, une boisson toujours claire, agréable et saine.

D'autres personnes emploient la râpe pressée à la fabrication des *vins feints*, d'après le procédé de M. Petiot. Pour cela, lorsque le vin d'une cuvée a été tiré, et sans perdre un instant, on ajoute à la râpe une quantité d'eau égale à la moitié du vin produit ; on sucre cette eau avec dix-neuf kilogrammes de sucre par hectolitre d'eau employée, on remue vivement le tout dans la cuve avec des bâtons ; on laisse fermenter trois jours, et l'on retire un vin artificiel qui, d'après l'inventeur, jouit de presque toutes les qualités du premier vin donné par le cépage qui a fourni la râpe. Ce vin feint peut être mis en fût ou en bouteille, et il se conserve presque aussi bien que le vin naturel.

Enfin, on peut utiliser les râpes pour faire de *l'eau-de-vie de marcs*, qui, sans être parfaite,

CHAPITRE II

est recherchée dans le commerce. Pour cela, il est essentiel de recueillir les râpes quand elles sont encore très fraîches, c'est-à-dire aussitôt après la pressée. On les conserve en bon état en ayant soin de les désagréger avec la main très rapidement et de les piétiner dans une grande cuve sans désemparer. Quand tout le marc dont on dispose a été ainsi émietté et foulé, on le recouvre d'une couche de mortier de terre glaise, d'une épaisseur de sept à huit centimètres, en ne laissant aucune crevasse. Il peut se conserver ainsi jusqu'à ce que l'on ait le temps de procéder à la distillation, comme il sera dit ailleurs. Au lieu de cuves, on peut encore empiler les marcs dans des barriques que l'on s'empresse de foncer, et où ils se conservent comme sous la terre glaise.

VIII. Sucrage des mouts. — Nous avons dit que le jus de raisin ne peut entrer en fermentation que lorsqu'il contient une certaine proportion de sucre, et sous l'influence d'une suffisante chaleur. Dans les années froides et pluvieuses, il peut se faire que la vendange atteigne à peine six degrés au glucomètre, et soit incapable d'entrer en suffisante fermentation pour obtenir un vin exempt d'acidité et capable de se conserver. L'usage s'est introduit depuis un siècle de sucrer, dans ces circonstances, les moûts à la cuve, afin d'obtenir une fermentation complète et un développement d'alcool suffisant pour rendre au vin les qualités qui lui manqueraient. Il faut, pour réussir dans cette entreprise, n'employer que du sucre de canne de bonne qualité ; n'en employer que la quantité nécessaire pour rendre à la vendange le degré alcoolique qu'elle devrait avoir normalement, c'est-à-dire à peu près quinze cents grammes par hectolitre de vendange.

Si, après cette précaution, la vendange tardait encore un jour ou deux à entrer en fermentation, il faudrait chauffer le moût, non pas directement, autant que possible, mais en faisant du feu dans la vinée, et en faisant serpenter dans la cuve des tuyaux d'air chaud.

Le sucrage des moûts, dans ces conditions, ne semble pas produire dans le vin des qualités nuisibles à la santé des consommateurs.

CHAPITRE II

IX. Platrage des mouts. — Il n'en est pas de même d'une autre pratique qui consiste à mêler du plâtre en poudre à la vendange, pendant qu'elle est à la cuve, dans le but d'aviver la couleur du vin et de prévenir les altérations que le transport lui ferait subir. Cet usage s'est particulièrement répandu dans le Midi, depuis qu'un certain Sérane s'en est fait l'apologiste, en 1849. Il recommande de saupoudrer la vendange dans la proportion de deux à trois kilogrammes de plâtre par hectolitre.

Les hygiénistes n'ont pas tardé à se préoccuper de cette innovation. M. Poggiale a reconnu que l'opération du plâtrage modifie profondément la nature des vins, en décomposant les sels qui leur sont propres, pour en substituer d'autres, qui n'ont plus les mêmes propriétés, et MM. Bussy et Buignet ont prouvé que le plâtre, en agissant sur le tartrate acide de potasse, donnait naissance à du bisulfate de potasse, qui est pour l'économie humaine un corrosif et un purgatif toxique.

Le plâtrage des moûts est donc une méthode à

rejeter, qui doit être considérée comme nuisible et poursuivie en justice.

Nous traiterons ailleurs ce qui a trait aux falsifications du vin. Ici se termine ce que nous avions à dire de sa fabrication.

III

Classification des vins.

Le génie du vin est dans le cep. *Le cachet de chaque espèce de vin est gravé dans chaque espèce de cépage.* Le sol, le climat, l'année, l'exposition, modifient la caractéristique, mais ne l'effacent jamais. « Si, au lieu d'être planté de Pineau noir, dit un savant vigneron, le clos Vougeot était planté de gros Gamays, vous n'y trouveriez pas une seule pièce de vin qui valût plus de soixante francs. »

« Le vin est, comme le pain, un aliment de grande consommation. Avec du vin et du pain, l'homme est plus fort, plus actif, plus entreprenant, plus courageux, plus bienveillant, plus franc et plus homme, en un mot, qu'avec toutes les nourritures possibles. Un peu de viande ne gâte rien, je l'avoue, surtout quand elle n'est pas soufflée de graisse et d'eau. Mais si elle joue le premier rôle dans l'alimentation anglaise, allemande et russe, elle ne joue que le second en France, en Italie, en Espagne et en Portugal. Avec le pain et le vin à ses repas, plus un peu de viande et des légumes, il n'y a pas d'ouvrier, il n'y a pas de soldat qui ne l'emporte sur tous les ouvriers et tous les soldats autrement nourris. Aucune autre boisson ne peut remplacer le vin dans son heureuse et complète influence.

» La multiplicité des intermédiaires, sans frein, a jeté dans les qualités, les provenances, les noms et les goûts des vins, un trouble et une anarchie déplorables. Les mauvais commerçants achètent tout ce qui peut s'appeler vin. Que cela n'ait ni couleur, ni esprit, peu leur importe. Celui-là a toutes leurs prédilections, qui ne coûte que cinq, dix ou quinze francs l'hectolitre. L'esprit et la couleur qui manquent, ils les donneront ; ils ils y ajouteront encore le meilleur goût des vins valant cinquante francs l'hectolitre ; ou s'il n'y ressemble pas au goût des gourmets, la ressem-

CHAPITRE III

blance suffira au cabaret, au restaurant, à l'auberge et pour les familles qui ne goûtent pas. Le consommateur fera la grimace, il digérera mal, sa santé et son existence seront altérées, qu'importe ? Il faut bien que chacun ait la liberté de gagner sa vie (Dr Guyot). »

Dans ma conviction, le vin naturel provenant du simple moût fermenté de raisin, même quand il n'est pas très délicat, est tout à fait alimentaire et bienfaisant; mais le vin fait avec de l'eau-de-vie distillée à cinquante degrés, et étendue d'eau au même degré que le vin provenant du moût, est malfaisant; et celui qui provient de l'esprit absolu, dilué au même degré, altère profondément l'organisation de ceux qui en font un usage prolongé pendant quelques mois.

« En face d'un chimiste, d'un fabricant, d'un marchand, qui pilent des betteraves, des pommes de terre, du grain, des grappes d'Aramon, de Terret-Bourret, de Foirau, et qui, ayant saccharéfié, fermenté, distillé et parfumé tout cela, en font différents mélanges, qu'ils affirment représenter le Beaujolais, le Maconnais, le Beaune, le

Médoc, l'Hermitage, le Vouvray, le Bourgueil, je vois de suite en imagination, dit notre auteur, un autre chimiste, un autre fabricant, un autre marchand qui pilent de la chair de chien, d'âne, de corbeau, de chèvre, de renard, de poisson, de crocodile, etc., et qui disent au public : Achetez notre marchandise, elle est vérifiée, poinçonnée et garantie. Ceci est une perdrix, ceci un filet de bœuf, ceci une côtelette de mouton, ceci un jambon de Mayence, ceci un poulet fin, une brochette de mauviette, un cuisseau de chevreuil, un canneton de Rouen, une rouelle de veau. Si vous en doutez, faites-en faire l'expérience scientifique ! Vous aurez la preuve qu'il y a autant d'azote, de carbone, d'oxygène et d'hydrogène dans ce que je vous offre pour cinquante centimes, que dans ce qui vous coûtera ailleurs dix francs. Vous trouverez les mêmes réactions avec les acides, les alcalis et les dissolvants chimiques.

» Devant ce boniment de marchands de boissons et de marchands d'aliments mélangés, coupés, falsifiés, gardez-vous de discuter trop longtemps, car ils en appelleront à leurs experts,

CHAPITRE III

à leurs journaux, à leurs avocats, et gare à vous, car vous attaquez les sciences, les arts, l'industrie, le commerce, l'économie politique et surtout la liberté. »

En citant cette boutade d'un célèbre hygiéniste, nous avons voulu fixer l'attention de nos lecteurs sur les pièges qui leur sont tendus tous les jours par les placeurs de vins, auxquels rien ne coûte pour baptiser des noms les plus pompeux, les produits les plus médiocres. Rien n'est plus difficile, même à prix d'argent, de se procurer une cave un peu passable; il faut, pour cela, s'adresser directement sur les lieux de production, avoir affaire à des vignerons honnêtes, et pouvoir vérifier soi-même, par l'examen direct, les affirmations qui vous sont prodiguées. Les notions qui vont suivre pourront aider utilement l'acheteur dans ce choix difficile.

I. EXAMEN DES VINS. — La célèbre école médicale de Salerne a consigné dans un aphorisme les qualités que doit présenter un vin de bonne nature : *Vina probantur odore, sapore, nitore, colore. — Si bona vina cupis, quinque hæc plau-*

dentur in illis : fortia , formosa , fragrantia, frigida, prisca.

« Le vin, dans son appréciation, dit à son tour le docteur Guyot, est sujet à deux juridictions : l'une, toute sensuelle; l'autre, toute physiologique. L'appréciation sensuelle du vin se rapporte à la vue, à l'odorat, au goût ; l'appréciation physiologique à l'estomac.

C'est par sa limpidité et sa couleur que le vin séduit d'abord les regards. Qu'il soit rouge, rose, jaune ou blanc, il doit toujours être d'une couleur franche et d'une parfaite transparence. Un vin trouble est un vin suspect.

Une odeur vive, pénétrante, agréable et fraîche est commune à tous les vins naturels, et indépendante du bouquet spécial aux divers crus. *Les vins qui exhalent une odeur alcoolique sont rarement des vins naturels.*

Le goût est le juge sensuel par excellence. Pour bien goûter le vin, il faut, au préalable, se laver la bouche avec de l'eau fraîche, et n'en mettre sur la langue qu'une petite quantité à la fois. On peut recueillir ainsi les diverses saveurs, acides, su-

CHAPITRE III

crées, styptiques, la faiblesse ou la force, les goûts de terroir, de fût, de bouchon ; enfin on l'avale pour en apprécier l'arrière-goût.

Si donc un vin est limpide, d'une franche couleur, d'une odeur agréable; si à cette première impression, l'arrière-bouche ajoute la sensation de chaleur et celle de la richesse vineuse, sans que l'alcool y soit caractérisé ; si la déglutition couronne l'ensemble par un bouquet naturel, on peut dire qu'il est sensuellement bon ; mais l'examen ne sera concluant que quand l'estomac aura dit son mot. Car si vous payez ces sensualités fugitives par une digestion lourde, par des aigreurs d'estomac, par des maux de tête, par une prostration musculaire, soyez certain que vous avez affaire à un marchand malhonnête et que votre vin est frelaté.

On ne peut pas exiger que tous les vins soient parfaits, et il ne faut pas demander à un vin de dessert les mêmes qualités qu'à un vin d'entremets, et à un vin ordinaire le goût délicat d'un vin de grands crus. Mais le vin de table proprement dit, le vin alimentaire par excellence, celui qui doit arroser nos repas journaliers, ne manque d'aucune des qualités que nous venons de décrire. Il ne dépasse pas dix pour cent d'esprit; mais il est vivant, léger, franc de goût et facile à digérer. Les vins qui contiennent, au contraire, de l'alcool en excès ou du sucre en excès, même s'ils ne sont pas frelatés, ne peuvent se boire que dans de moyens ou de petits verres; et dans la composition d'une cave, il importe plus d'avoir de bons vins d'ordinaire que de bons vins d'entremets, et il vaut mieux avoir de bons vins d'entremets que de bons vins de liqueur.

II. Vins rouges de Bordeaux. — « Monsieur le conseiller, disait un jour d'un bout de table à l'autre une vieille marquise du faubourg Saint-Germain, lequel préférez-vous, du Bourgogne ou du Bordeaux? — Madame, répondit d'une voix druidique le magistrat ainsi interrogé, c'est un procès dont j'ai tant de plaisir à visiter les pièces, que j'ajourne toujours à huitaine la prononciation de l'arrêt (Brillat-Savarin). » Nous ferons comme ce prudent magistrat, en faisant remarquer toutefois que la réputation des vins de

CHAPITRE III

Bordeaux est bien antérieure à celle des vins de Bourgogne, puisque le poète Ausone affirme que de son temps (IVe siècle), ils étaient appréciés jusqu'à Rome.

Ces vins exquis sont presque exclusivement produits par quatre sortes de cépages, le Carbenet, le Malbec, le Merlau, le Verdot. — Ils se distinguent par leur belle couleur, leur légèreté, leur bouquet, et la stimulation douce qu'ils doivent à une proportion alcoolique moindre que celle des autres vins de choix. Rien ne serait plus difficile, je dirai même plus oiseux que de chercher à donner une description de chacun d'eux. « Les uns, dit le docteur Alibert, se distinguent par la tenue, le corps, la couleur; les autres, par la délicatesse, la légèreté, la suavité et un bouquet indéfini, qui rappelle le souvenir indécis de plusieurs parfums, sans ressembler nettement à aucun. Les premiers ont des qualités austères et cachées qui les font parfaitement juger des connaisseurs, les autres ont des vertus profuses qui n'ont pas besoin d'être méditées et qui se livrent sans voiles à tous les buveurs. Les premiers ont pour eux le culte des adeptes éclairés, les autres celui du monde entier.

On a surnommé avec raison le Bordeaux un vin de malades. C'est, en effet, celui qui convient le mieux aux convalescents, à cause de sa digestion facile; mais il ne faut pas oublier que, pour mériter cette confiance, le vin de la Gironde doit être absolument naturel, et tout à fait dépourvu de ce goût aigrelet, qu'on est certain d'avance de rencontrer dans tous les Bordeaux des hôtels et des restaurants de pacotille.

La sensualité et, après elle, le commerce ont établi entre les nombreux crus qui se rapportent à cette catégorie des distinctions un peu subtiles, mais sanctionnées par l'usage.

La première catégorie comprend les vins de Château-Margaux, dans la commune du même nom; de Château-Lafite et de Château-Latour, dans la commune de Paulliac; et de Hautbrion, dans la commune de Pessac; les trois premiers dans le Médoc, le quatrième dans les Graves. Ces vins sont d'une légèreté, d'un parfum et d'un goût au-dessus de tout éloge.

CHAPITRE III

Au deuxième plan viennent : parmi les Médoc et les vins de Côte, le Mouton et le Pichon-Longueville, dans la commune de Paulliac; le Rozan, le Vivien-Durfort, le Lascombes, dans la commune de Margaux; le Léoville, le Gruau-Laroze, le Beaucaillou, dans la commune de Saint-Julien; le cos d'Estourmel et le Montrose, dans la commune de Saint-Estèphe; le Brane, le Kirvan, le Château-d'Isseau, dans la commune de Cantenac; ainsi que le Saint-Emilion, au voisinage Libourne.

Viennent ensuite les autres crus de Margaux, de Cantenac, de Saint-Estèphe, de Saint-Julien, de Pauillac, de Labarde, de Macau, dans le Médoc; de Pommerol, de Saint-Laurent, de Saint-Hippolyte, de Saint-Christophe, de Saint-Georges, dans les Côtes.

Les vins dits de Palus, et d'Entre-deux-mers, de Bas-Médoc, et les vins des Côtes non classés, forment les catégories des vins bourgeois et paysans, dont beaucoup sont encore très estimés et se vendent un haut prix, sans prétendre à la réputation des premiers.

III. Vins blancs de la Gironde. — Le Semillon, le Sauvignon et la Muscatelle sont les principaux cépages des vins blancs de la Gironde. C'est avec ces raisins, mûris à point et sagement employés, qu'on obtient cette série de vins blancs délicats qui, sous le nom de Sauternes et de Graves, ont sur la plupart des autres vins de table une supériorité incontestée. « Ce qui les distingue, dit Alibert, c'est qu'ils ont pour eux la mesure ; une qualité n'exclut pas l'autre, et ils possèdent l'ensemble harmonieux d'éléments que la nature a ordinairement répartis avec parcimonie aux autres vins blancs. Ils ont la grâce et le nerf : ils sont moelleux, suaves et cependant énergiques. Ils charment l'œil par la pureté de leur transparence ; l'odorat, par un incomparable bouquet, et le palais, par une délicatesse parfaite. Enfin, ces vins n'exercent pas sur le cerveau une action brutale, comme tant d'autres ; ils surexcitent légèrement les fonctions de cet organe, et donnent à la pensée une direction, en général, joyeuse.

Le premier rang, parmi les vins blancs de la Gironde, appartient au Château-Yquem, dans la

CHAPITRE III

commune de Sauternes. Cette boisson royale est devenue d'un prix inabordable depuis que le caprice seul en fixe la cote. On recherche le Château-Yquem comme le sont les originaux des grands peintres, et sa valeur subit les fluctuations des choses de fantaisie.

On cite, parmi les meilleurs crus, la Tour-Blanche, Peyraguey, Vigneau, Rabant dans la commune de Bommes; Coutet, Climentz, Mirat dans celle de Barsac; Bayles, Rieusec dans celle de Sauterne; Suduirant dans celle de Preignac.

Puis les autres crus choisis dans les communes de Bommes, Rions, Blanquefort, Sauternes, Barsac, Preignac, Langon; Massanges et Salliat dans les Landes; les vins dits de sable sur les rives de l'Adour, et celui de Sainte-Foy près de Libourne.

IV. Vins rouges de Bourgogne. — Tous les vins rouges des grands crus de Bourgogne sont faits avec le seul pineau noir, malgré la diversité des noms. Ils ont entre eux des liens de parenté très marqués et se distinguent par l'éclat de leur couleur, par la finesse et en même temps l'énergie de leur parfum, par leur saveur nette et généreuse. Ils sont plus alcooliques que les vins de Bordeaux, moins cependant que ceux du Midi, sur lesquels ils l'emportent par mille autres qualités. Leur réputation ne remonte guère au delà du siècle de Louis XIV, car autrefois ils se transportaient mal; mais aujourd'hui elle a dépassé les limites de l'Europe, et ne fera que s'accroître si la spéculation ne parvient pas, comme on le craint, à faire arracher le cépage incomparable mais peu fertile qui les produit.

On classe le Clos-Vougeot, commune de Vougeot, à la tête des vins de Bourgogne. C'est le plus vaste de la contrée, car il a 47 hectares. L'arome, la force, la délicatesse de ce vin et la finesse de son goût lui ont acquis une juste célébrité; cependant plusieurs autres crus peuvent lui disputer la palme.

Citons parmi les plus renommés : le Romanée-Conti et le Richebourg, qui sont dans la commune de Vosne; ainsi que le clos de la Tache dont le vin se conserve un demi-siècle, et le Romanée Saint-Vivant; le Chambertin, commune de Gevrey,

CHAPITRE III

qui a longtemps été le plus connu des vins de Bourgogne ; le Corton, commune d'Aloze, pour lequel les gourmets ont aujourd'hui une préférence marquée; le Saint-Georges et le Péret, commune de Nuits; les Caillerets et la Bouche-d'Or, commune de Volnay; le clos de Citeaux et les Fremyets, commune de Pommard.

Viennent ensuite les autres crus de Beaune, Gyvrey, Volney, Pommard, Nuits, Chambolle, Mercurey, Chassagne, Savigny ; puis Thorins, Romanèche, et toute la côte du Maconnais ; ceux du Charollais, ceux de l'Auxerrois qui avaient la préférence de Louis XIV, et parmi lesquels on remarque les produits de Coulanges, de Tonnerre et d'Avallon.

V. Vins blancs de Bourgogne. — Non moins renommée pour les vins blancs que pour les rouges, cette riche province possède en premier lieu, les vins de Montrachet et de Chevalier-Montrachet qui sont exclusivement produits par le pineau blanc ou Charbenay.

On cite encore parmi les plus renommés les crus de la Perrière la Goutte-d'Or et Santenot, dans la commune de Meursault, qui ont une tendance recherchée à faire sauter le bouchon ; ceux de Chablis, dans la commune du même nom, qui donnent un vin sec, léger, pétillant, capiteux et de couleur charmante; ceux de Vaumorillon, des Grisées dans le même département de l'Yonne, ceux de Pouilly-sur-Saône et de Fuysset, dans les paroisses du même nom en Maconnais, et ceux de Pouilly sur Loire, dans la Nièvre.

VI. Vins rouges du Midi. — La grande quantité de terrains cultivés en vigne dans le Midi, et le nombre trop considérable de variétés de cépages que l'habitude y entretient, expliquent facilement pourquoi on trouve dans cette contrée des vins si différents les uns des autres ; les uns exquis et jouissant d'une réputation méritée, les autres vulgaires, communs, lourds, et bons seulement pour la chaudière.

Au premier rang, il faut mettre le vin de l'Hermitage, qui se récolte sur les coteaux du Rhône, dans la commune de Tain, et qui est pro-

CHAPITRE III

duit par le seul cépage de la petite Syra. « Honneur au cénobite inspiré qui s'est retiré du monde pour cultiver autour de sa cellule le précieux cépage qui produit le meilleur des vins hygiéniques. Par sa saveur riche et veloutée, par son bouquet fin et suave, par sa vive couleur grenat foncé, ce vin séduit à la fois la vue, l'odorat et le goût, et, ce qui est mieux encore, satisfait pleinement l'estomac. »

Viennent ensuite avec le plus grand honneur les vins de Cote-Rotie, près d'Ampuis; ceux de Moulin-à-Vent, près Thorins, Rochegude, près de Montélimart; de Château-Neuf du Pape, aux environs d'Avignon, qui jouissent d'une si grande renommée; de Langlade dans la paroisse du même nom; de Saint-Georges d'Orques dans l'Hérault, qui fournissent un vin de table de premier ordre; et le Tokay Saint-Gilles produit par le furmint qui le cède à peine aux excellents tokays de Hongrie.

Citons encore parmi les plus renommés : la grande famille des Beaujolais, les vins de Saint-Christol, de la Malgue, de Tavel; les nombreux crus de Roussillon, qui méritent une attention spéciale pour leur corps, leur esprit, leur solidité, et sont excellents quand on n'abuse pas de leur couleur pour les étendre d'alcool et d'eau; les vins de Jurançon, d'une robe magnifique, d'un bouquet et d'une saveur si originale, d'une générosité extrême; les vins de la Gaude, très remarquables par la couleur, la force, la saveur, leur bouquet et leur action toniques, et qui arrivent en six ans au développement de toutes leurs qualités; enfin, ceux de Croze, de Mercurol, de Lirac, Saint-Geniez, Saint-Laurent, Carnol, Cornas, Saint-Paul, et d'autres excellents crus que nous oublions.

VII. Vins blancs secs du Midi. — Mettons ici en tête de notre liste le vin blanc mousseux de Saint-Péray, commune du département de l'Ardèche, qui possède un coteau de 112 hectares. Ce vin jouit d'une renommée méritée, car il est extrêmement délicat, et sa couleur ressemble à des rayons mis en bouteille.

Un peu au-dessous de Saint-Péray, il faut placer les vins blancs de l'Hermitage, tels que les

CHAPITRE III

clos de Baume, Reaucoule et Muret; ceux de Condrieu, dans la commune du même nom; les vins blancs de Jurançon, qui rivalisent avec les rouges de la même contrée; ceux de Rivesaltes, près Perpignan; de Cosprons, de Saint-André, de Prépouille, qui se récoltent également dans le Roussillon; enfin tous les vins blancs fins faits avec le cépage de Piquepoule et tous les Picardants secs provenant de la clairette blanche.

Au contraire, les vins blancs extraits des terrets et des autres cépages communs ne donnent qu'une boisson médiocre et destinée à la chaudière.

VIII. Vins de Champagne. — Cette province produit des vins rouges et blancs. Ses vins rouges, ceux de Bouzi, par exemple, seraient remarqués ailleurs; mais l'immense réputation de ses vins blancs étouffe la célébrité des rouges. Parmi les vins distingués et précieux des meilleurs crus de France, le vin blanc ou rose, mousseux, de Champagne est, en effet, le plus brillant. Il a fait la conquête de toutes les nations européennes, et tout porte à croire qu'avant la fin de notre siècle il sera connu et recherché de tous les peuples de la terre. Trois variétés de pineaux, le Plant vert, le Plant doré et le Plant vert doré, avec un peu d'Epinette blanche, produisent cette attrayante boisson.

On classe premier le vin de Sillery, nommé aussi vin de la Maréchale, qui met, suivant M. Rendu, dix ans pour arriver à toute sa perfection. Après lui, le vin d'Aï est renommé pour son bouquet aromatique, analogue à celui de la pomme de pin, et dont la renommée remonte à Charles VIII et au grand Pape Léon X.

Les vins de Bouzy, de Pierry, d'Epernay, d'Avize, de Mareuil, de Hautvillers, de Dezy, de Cramant, du Mesnil, tiennent la seconde catégorie.

La Champagne n'est pas la seule contrée de notre pays où l'on fasse des vins mousseux; la Bourgogne, l'Anjou, le Languedoc en produisent également. Mais la Champagne a le secret d'une fabrication ancienne qui la met au-dessus de tous ses rivaux.

XI. Vins rouges renommés des autres pro-

CHAPITRE III

VINCES. — Ce serait une erreur de croire que tous les bons vins de France se récoltent dans les provinces que nous venons de passer en revue. Nous allons en citer un certain nombre d'autres qui méritent toute l'attention des connaisseurs, et nous en pouvons signaler quelques-uns auxquels il ne manque absolument qu'une renommée plus étendue.

A la tête de cette catégorie, il faut placer le vin de Bourgueil, près Chinon en Touraine, dont la belle couleur, le goût fin, la force et la générosité le disputent aux meilleurs crus de Bourgogne. Celui de Montmélian en Savoie, produit par le seul cépage de la Mondeuse, auquel on reconnaît un bouquet aussi fin que celui des vins de Bordeaux, qui se développe avec l'âge et devient de plus en plus agréable. Le vin d'Arbois, léger, aigrelet, pétillant et plein de feu. Enfin celui de Saint-Pantaly en Périgord, qui ne diffère point du Bordeaux de second rang.

Plaçons maintenant le vin de Saint-Georges du Poitou, dont certains clos, comme le clos Ginot, produisent un vin ferme, corsé, de belle couleur, qui dure cinquante ans et prend en vieillissant un parfum exquis; le vin de Saint-Jean de Maurienne, d'une saveur chaude et généreuse, et d'un bouquet analogue aux vins de Bourgogne, mais qu'il faut savoir attendre douze ou quinze ans; celui de Cahors, autre vin de conserve, un peu dur, un peu trop coloré, mais qui se dépouille en vieillissant et garde son feu; celui de Gaillac, d'une couleur également foncée, avec une grande franchise de goût et beaucoup de corps; puis les crus périgourdins de Bergerac, Mareuil, la Terrasse, Sainte-Foi; les vins rouges d'Anjou, Savennière, la Roche-aux-Moines, la coulée de Serrant; ceux d'Ornans, de Quingey, de Lessay, de Rougemont dans la Franche-Comté; les vins d'Auvergne, Chanturgue, Serre, Dallet, Mezet, Mouton, essentiellement alimentaires et hygiéniques mais mal soignés; les vins des environs du Puy; ceux des environs de Château-du-Loir; ceux des environs d'Argenton dans l'Indre, et du voisinage de la côte Saint-André dans l'Isère; ceux des Vosges, etc.

X. Vins blancs renommés des autres pro-

CHAPITRE III

vinces. — Ce que j'ai dit des vins rouges produits dans certaines régions qui n'appartiennent pas aux provinces de grand renom, peut également s'appliquer aux vins blancs.

Peut-on trouver un vin meilleur au goût, d'un bouquet plus délicat, d'une couleur plus appétissante que le vin blanc de Monbazillac, et son voisin le Bergerac blanc auquel on ne peut reprocher que son arrière-goût un peu sucré. — Et le vin si généreux, si pétillant, si frais des coteaux de Saumur ; et le vin de Vouvray, si voisin du Sauternes ; et les vins blancs d'Evian, si légers, si agréables, si digestifs que les baigneurs de tous pays boivent avec tant de délices ; et ceux de Gaillac d'une si grande douceur, d'une saveur si délicate, et de ce parfum spécial qui n'appartient qu'aux grands crus.

Citons encore les vins blancs de la Meurthe et de la Moselle ; ceux d'Aspremont, de Liouville, de Bar-le-Duc dans la Meuse ; tous d'une qualité remarquable et si recherchée, surtout dans les années de bon soleil; ceux de Touraine et du Blaison ; les vins renommés du Haut-Poitou, dont quelques-uns sont difficiles à distinguer du Gaillac; les vins si frais de la Haute-Loire où la délicatesse fait oublier le manque de force.

XI. Vins de liqueur. — La France, qui produit tous les vins de table, ne le cède même pas à l'étranger pour la qualité de ses vins de liqueur. Le chaud soleil de notre Midi et l'excellence de nos cépages nous assurent pour longtemps encore cette suprématie.

Nos délicieux vins blancs de Frontignan, si remarquables par leur arome, ceux de Lunel et de Maraussan, également sucrés, parfumés et limpides, sont produits presque intégralement par les Muscats blancs, jaunes et rouges; c'est également le Muscat qui donne ce vin charmant de Rivesaltes, qui, en vieillissant dans certaines conditions, prend le goût et le nom de Rancio, sous lequel il trouve tant d'admirateurs. Le Grenache seul, le Macabeu seul, le Malvoisie seul, fournissent les vins de liqueur du même nom.

Toutes ces variétés sont exquises, mais à la condition d'en faire un usage très modéré et seulement à la fin du repas, car la proportion consi-

CHAPITRE III

dérable de sucre que renferment les vins de liqueur arrêterait l'appétit du consommateur qui voudrait en faire usage à son repas en même temps que leur richesse alcoolique troublerait son esprit. Mais rien ne termine mieux un bon dîner qu'un verre de ces liquides parfumés et généreux.

XII. Vins étrangers. — Je ne puis clore cette longue liste sans dire un mot des vins les plus renommés des pays étrangers, aujourd'hui surtout que l'introduction en France de ces produits exotiques tend à se multiplier. Voici les noms de ceux qui sont le plus connus :

Espagne. — Vins de Xérès, de Pakaret, de Sèches, de Val-de-Penas, de San-Lucar, de Benicarlo, de Venaroz, d'Alicante, de Rota, de Malaga, de Malvasia, de Saragosse et de Carinena.

Portugal. — Vins de Porto, de Carcavello, de Lamalonga, et beaucoup d'autres encore trop peu connus.

Suisse. — Vins de Courtaillods, de Chiavenna, de Boudry.

Italie. — Vins de Lacryma-Christi, de Malvoisie, d'Albano, de Falerne, d'Orvieto, de Montefiascone, de Montepulcino, de Montalicino, de Rimini, de Capri, de Marsala, de Catane, de Syracuse.

Allemagne. — Vins du Rhin, de la Moselle et de Tokay.

Turquie. — Vins de Cotnar en Moldavie, de Pitra en Valachie, de Chypre, de Chio, de Candie.

Asie. — Vin d'or du Liban; vin de Chiraz en Perse.

Afrique. — Vins de Constance au Cap, de Madère, de Ténériffe et des Açores.

Nous ne saurions donner un jugement sur ces vins dont beaucoup ne nous sont connus que par leurs noms, le Johanisberg, par exemple, qui est d'une rareté ruineuse et que les spéculateurs imitent trop fidèlement. Cependant, nous devons signaler, parmi les alcooliques secs le Marsala, un des vins les plus spiritueux que l'on connaisse. Il est d'une belle couleur dorée, comme le Madère, qui en a le goût, avec un parfum plus suave et moins d'alcool. Le Ténériffe ressemble au Madère, dont il constitue une qualité inférieure. Le Xérès,

CHAPITRE III

tantôt pâle et tantôt brun, fort recherché des Anglais sous le nom de sherry, est un vin fort et franc d'acidité, mais un peu commun. — Le Porto et le Malaga, vins essentiellement médicinaux, alcooliques et doux, d'un usage extrêmement répandu et rangés parmi les vins de liqueur, ainsi que le Constance, le Rota, le Lacryma-Christi, le Pakarete, le Chypre et l'Alicante. — Citons encore parmi les vins légers, brillants, appétissants, ceux d'Orvieto, de Montefiascone et d'Albano.

IV

Entretien, maladies et falsifications
des vins.

« Le vin, depuis sa naissance, jusqu'à sa mort, par maladie ou par vieillesse, dit le docteur Guyot, n'est point un être chimique, fini, à principes immédiats fixes ; c'est un liquide vivant qui a sa jeunesse, sa virilité, sa vieillesse et sa décrépitude. Les grands vaisseaux sont pour lui ce que les grandes villes sont pour les hommes ; la vie y est tumultueuse, rapide, pleine de vices, de maladies et d'autres éléments de destruction. Ainsi que les hommes, il vit plus sagement et plus longuement dans un petit cercle : enfin la bouteille est l'ermitage du vin ; c'est là qu'il se perfectionne. »

« Rien n'est plus difficile, ajoute un autre connaisseur, que de former une bonne cave. Il faut

CHAPITRE IV

pour cela trente années de soins, de dépenses, de voyages, de vigilance et d'activité. Mais qu'importe, et quel héritage à transmettre au fils qui portera votre nom! »

Nos lecteurs ne sont pas de ceux auxquels les faveurs de la fortune permettent le luxe d'une cave somptueuse. Mais leur provision, pour être petite, ne leur en semble pas moins chère, parce qu'elle représente pour beaucoup une notable partie de leurs économies, quelquefois même le sacrifice d'une autre jouissance. Nous pensons donc leur être utile en traitant assez longuement ce qui concerne l'entretien, les maladies et les falsifications des vins.

I. DE L'ENTRETIEN DES VINS. — Nous avons dit qu'en général les vins de l'année sont conservés au cellier, c'est-à-dire dans de vastes granges au niveau du sol, jusqu'à l'arrivée des premiers froids. C'est dans le cellier que, pour la première fois, ils ont été mis en fût, soit au sortir du pressoir, comme les vins blancs, sans fermentation préalable, soit au sortir de la cuve et après la fermentation terminée, comme les vins rouges.

LES CLEFS DE LA CAVE

Le cellier, étant plus vaste et plus clair que la cave, les barriques y sont rangées l'une près de l'autre, suivant une symétrie qui permet aux vignerons de les visiter tour à tour, de les surveiller, de les remplir, comme il a été dit, de mois en mois, et de s'assurer qu'elles ne perdent pas leur contenu. Ces soins conduiront jusqu'aux environs de Noël. Il faut alors se préoccuper de leur chercher un autre asile, et faire choix de la cave où le vin devra passer l'hiver.

La cave doit être obscure, fraîche, élevée, vaste, avec ses ouvertures tournées vers le nord.

Les meilleures sont creusées dans le rocher, mais ce sont des exceptions. Généralement elles règnent sous la maison à une profondeur de trois à quatre mètres et sont voûtées, afin d'entretenir une température à peu près uniforme entre trois et seize degrés centigrades. Les vignerons prétendent que dans les caves trop profondes, à vingt mètres au-dessous du sol, par exemple, le vin reste stationnaire et ne vieillit pas suffisamment.

Dans les anciens châteaux et les anciens monas-

CHAPITRE IV

tères, on trouve des caves immenses. C'est une pratique à imiter quand on le peut, non seulement parce que cela permet de conserver le vin de plusieurs récoltes, mais parce que l'air concentré est nuisible aux vins. « Dans les pays d'exploitation, suivant M. le docteur Guyot, une belle cave doit présenter deux berceaux de deux cents mètres de long et de cinq mètres et demi de large, séparés par un pied droit moyen de soixante centimètres d'épaisseur. Les voûtes doivent retomber sur des pieds droits de un mètre cinquante centimètres. De cette façon, on peut gerber à triple étage contre les murs, et à quadruple étage au milieu, des pièces de vins de deux hectolitres. Les deux berceaux ainsi remplis contiennent facilement huit mille pièces, c'est-à-dire la récolte moyenne de cent hectares de vignes pendant quatre années. » Je ne cite ces lignes que pour donner une idée de l'importance que les spécialistes accordent à de très vastes caves ; car outre la question d'étendue, cette disposition n'est même pas la meilleure pour des caves de particuliers. Nos caves de petits vignerons ou de petits propriétaires suffisent si elles contiennent nos récoltes ou nos provisions de deux ou trois ans, gerbées d'un côté de la cave, sur de gros madriers, qui éloignent suffisamment du sol le premier rang de barriques, pour qu'on puisse placer convenablement les bouteilles à remplir quand on voudra les soutirer; de l'autre côté, on ménagera avec des murettes de maçonnerie et de madriers de chêne, de vastes étagères appuyées au mur, pour pouvoir y coucher par séries les bouteilles de vin précieux. — Les ouies doivent être tournées au nord, petites et constamment ouvertes, l'entrée disposée de façon à laisser facilement passer les barriques.

Le vin vit et respire dans l'atmosphère de la cave; aussi devons-nous tenir à ce que cette atmosphère soit saine. On n'y conservera ni fruits ni légumes; on évitera l'humidité dont le moindre inconvénient est de pourrir les fûts, et au besoin on aura recours pour cela au drainage; on préviendra par de fréquents balayages le développement des mousses et moisissures ; enfin, on évitera le voisinage des fosses d'aisance, de tuyaux

CHAPITRE IV

de gaz et en général de tout ce qui pourrait communiquer quelque propriété malfaisante ou quelque germe de fermentation putride à l'atmosphère de la cave. Ce sont ces causes diverses, en y joignant les effets de la trépidation que produit le passage continuel des voitures, auxquelles on attribue généralement l'insuffisance des caves des grandes villes, où il n'est pas rare de voir les vins délicats et fins s'altérer et déchoir de leurs qualités.

Le choix des *fûts vinaires* n'est pas moins important que celui de la cave. Il serait à désirer que la qualité du vin permît de faire pour chaque pièce la dépense d'un fût neuf en merrain de chêne et bien conditionné. Le chêne est de tous les bois le plus sain et le meilleur pour cet office ; le châtaignier ne vient qu'après. On ne peut douter que le fût neuf ait une action favorable sur le vin ; il lui communique un goût particulier suivant son bois et lui cède une partie de son tannin. Le vieux fût, au contraire, peut entraîner le vin à prendre les goûts vicieux des vins qu'il a contenus et lui communiquer les germes des organismes inférieurs qui se rencontrent dans les vins malades. « Si l'on admet la théorie nouvelle, dit M. Vergnette-Lamotte, il est hors de doute que tous les mauvais ferments doivent se trouver dans les vieux fûts. »

Cependant, quand il s'agit des vins communs, on les loge généralement dans des fûts, foudres ou barriques qui ont déjà contenu d'autre vin. Ceux qui ont contenu de bonne eau-de-vie sont les plus recherchés. S'ils ont été tenus hermétiquement bouchés après le tirage du contenu, il ne faut pas les laver. Ceux, au contraire, qui ont contenu du vin doivent être lavés, brossés, échaudés et débarrassés de tous les goûts qu'ils peuvent garder, et parmi lesquels celui d'aigre et celui de moisi sont les plus communs. Il n'est pas rare d'en rencontrer que les lavages les plus énergiques ne peuvent affranchir. On conseille alors de passer dedans un mélange de trois quarts de litre d'eau avec un quart de litre d'acide sulfurique. Après avoir bien agité en tous sens, on verse ce liquide corrosif et on échaude vivement, d'abord avec de l'eau bouillante et ensuite avec

CHAPITRE IV

plusieurs seaux d'eau froide. D'autres personnes introduisent par la bonde une mèche soufrée enflammée, telle qu'elle se vend dans le commerce, c'est-à-dire ayant à peu près trente centimètres de longueur, et la laissant brûler entièrement après avoir bondé. Quand la mèche est consumée, on lave comme ci-dessus.

Chaque pays emploie des barriques d'une dimension différente, mais héréditaire, qu'il serait difficile de faire abandonner. Les fûts du Bordelais et de Bourgogne contiennent deux cent vingt-huit litres ; ceux du Midi sont plus grands ; ceux du Poitou contiennent deux cent soixante-dix litres. On fabrique aussi pour les vins fins des hectolitres, des demi-hectolitres et même des barils de plus petite dimension, ordinairement cerclés de fer. Les vins de premier choix s'expédient sous double fût, pour éviter la fraude des intermédiaires de transport. — Dans quelques caves, on trouve des foudres, c'est-à-dire des pièces immenses, tantôt en bois, tantôt en maçonnerie, dans lesquelles un homme peut se tenir debout, et qui contiennent une quantité considé-

LES CLEFS DE LA CAVE

rable d'hectolitres. La célèbre tonne de Heidelberg est une des plus vastes du monde.

Outre les barriques, on emploie, pour mettre le vin, divers autres récipients fort anciennement connus. Les cruches d'une capacité moyenne de vingt-cinq litres sont fort usitées dans le centre de la France. Le vin qu'elles contiennent se fait moins vite que dans les bouteilles; mais elles n'ont pas de déperdition comme les fûts.

Quant aux bouteilles, tout le monde sait que l'étalon réglementaire d'un litre est absolument inusité dans les caves. On se sert de la petite bouteille élégante de Bordeaux, qui contient soixante-dix centilitres; de la bouteille à gros ventre de Bourgogne, qui contient soixante-quinze centilitres; de la bouteille champenoise forte, qui en contient environ quatre-vingts, et de la bouteille à col court de soixante-cinq centilitres pour les vins sucrés du Midi. Nous avons, en outre, dans nos provinces, de bonnes grosses vieilles bouteilles d'une capacité variable, que leur air antique rend tout à fait vénérables et que nous employons avec amour. Je n'ai pas besoin d'ajou-

CHAPITRE IV

ter que les bouteilles et les cruches, comme les autres fûts vinaires, doivent être lavés avec le plus grand soin, toutes les fois qu'on en fait usage. On lave généralement les bouteilles, aussitôt qu'elles sont vides. Pour les cruches, on les bouche immédiatement après les avoir vidées, et on ne les lave que quand on veut s'en servir de nouveau.

Soins à donner la première année. — Lorsque la fermentation alcoolique est achevée et que le dégagement d'acide carbonique a cessé, il serait imprudent de laisser la bonde des fûts ouverte, parce que le contact de l'air pousserait le vin à l'aigre. On les ferme alors hermétiquement, soit avec la bonde en bois entourée de linge, qui a le défaut de servir de route à l'acescence pour envahir l'intérieur, soit avec la bonde en verre, qui ferme hermétiquement et ne présente pas les mêmes dangers. Nous avons déjà dit que les vins rouges aussi bien que les vins blancs ne s'éclaircissaient et ne cessaient de fermenter qu'à la fin de décembre, et nous avons fait la recommandation, qu'il ne faut pas oublier, de remplir exactement les fûts pendant cette période, à plusieurs reprises.

LES CLEFS DE LA CAVE

Quand arrive la saison des froids, le vin semble augmenter de volume, ou le tonneau se resserrer, et le besoin des remplissages se fait de moins en moins sentir. On évalue seulement à un litre par mois le déchet d'une bordelaise, depuis le moment où les fûts sont définitivement scellés.

Au mois de mars, tous les vins de l'année de quelque couleur qu'ils soient doivent être soutirés. On choisira pour ce travail un jour où la pression barométrique soit considérable et où le vent souffle du nord-est, sans être trop froid. L'usage ancien, de faire voyager les vins sur leur lie, est maintenant à peu près abandonné, et lorsque les fûts doivent être mis en route pendant l'hiver, on n'attend pas le mois de mars pour les soutirer; on fait cette opération même en janvier ou février, en ayant soin de choisir des jours secs, comme il a été dit ci-dessus.

Le soutirage peut se faire, soit dans des sapines en bois, soit avec le secours de pompes spéciales, mais toujours dans des fûts très propres ou neufs. Ordinairement, on se sert des vaisseaux que l'on vient de vider après les avoir

CHAPITRE IV

nettoyés à fond, de toutes les lies et autres impuretés qui s'y trouvent. Il suffit que le fût ait servi à l'envaisselage des mêmes qualités de vin. Je n'ai pas besoin de recommander de le remplir promptement, sans secouer celui qui est en vidange, sans en remuer la lie, et, quand il est plein, de le boucher hermétiquement, comme il a été dit.

A la suite de ce premier soutirage, il est d'usage, et c'en est un bon, de coller le vin. Cette opération se fait, soit avec la poudre Appert, soit avec la gélatine Laisné, soit simplement avec des blancs d'œufs. Cette dernière méthode, il faut le dire, est la plus coûteuse, mais nous la regardons encore comme la meilleure. Pour les vins rouges : de quatre à six blancs d'œufs par pièce sont nécessaires. On les bat avec une bouteille de vin, pris dans la pièce que l'on veut coller, et on verse le tout, lentement, dans le tonneau; après quoi, au moyen d'une baguette forte et flexible, on agite énergiquement tout le contenu de la pièce; on achève de la remplir et on la scelle de nouveau. — Pour les vins blancs, l'emploi des œufs ne donne pas un résultat aussi satisfaisant ; on conseille d'en opérer le collage avec de la gélatine dissoute dans un peu d'eau tiède et mêlée à un litre de vin. On peut, avec un kilogramme de gélatine, coller de trente à quarante pièces de vin, ce qui représente environ trente grammes par pièce.

« Dans le collage des vins, dit M. Vergnette-Lamotte, il arrive ceci : les substances albuminoïdes, blanc d'œuf ou gélatine, qu'on ajoute au vin, y forment de suite un abondant précipité qui ne tarde pas à se déposer au fond du tonneau, et ce précipité entraîne avec lui toutes les parties de lie et de ferment que le soutirage aurait pu laisser à l'état flottant. »

Il est à remarquer que, tout en signalant les bons effets du collage, cet auteur judicieux n'en est pas partisan à outrance, et voudrait que cette opération fût évitée quand elle n'est pas nécessitée par l'obscurité du liquide, parce qu'elle enlève toujours au vin une partie de sa vertu.

On regarde comme une bonne mesure de soutirer de nouveau les vins avant les chaleurs de

CHAPITRE IV

l'été, afin de les séparer de l'abondant dépôt qui s'est formé à la suite du collage.

Malgré cette précaution, il n'est pas rare de voir le vin en cave éprouver un commencement de fermentation, au mois d'août. Ce phénomène se produit particulièrement sur les vins qui ont conservé un goût sucré, soit parce que le raisin était très mûr, soit parce qu'on a ajouté du sucre à la cuve. Il faut alors percer près de la bonde un petit trou, par où s'échappe avec bruit l'acide carbonique, et que l'on ferme ensuite avec un fausset. De temps en temps on ouvre le fausset, jusqu'à ce que la fermentation se soit apaisée. On pourrait, si l'on voulait, arrêter cette effervescence presque subitement, en faisant un nouveau soutirage dans un fût, dans lequel on aurait préalablement brûlé une mèche soufrée.

Enfin quelquefois, au mois de novembre, à l'époque des premiers froids, on pratique un dernier soutirage des vins nouveaux, qui, malgré les précautions ci-dessus indiquées, auraient continué à donner des signes de fermentation.

« Il est inutile de dire que, pendant toute cette

première année, les fûts ont été remplis régulièrement tous les mois, et qu'on les a tenus dans des caves fraîches. »

A leur deuxième printemps, les vins peuvent enfin récompenser le vigneron de toutes ses peines, car c'est alors que l'on peut au juste apprécier la récolte et se rendre un compte exact de sa valeur. Répétons que, pour être irréprochable, il doit avoir une couleur franche, une odeur suave, une limpidité parfaite, et un goût vif et délicat.

Effets de la chaleur et du froid sur les vins. — On a beaucoup écrit, dans ces dernières années, sur l'amélioration des vins par la chaleur, et un habile chimiste, M. Pasteur, a attaché son nom aux études qui se rattachent à cette question. Il ne faudrait cependant pas le regarder comme l'inventeur de cette idée. M. Appert, le premier, faisant trois parts d'une pièce de vin mis en bouteilles, garda dans sa cave la première partie, fit voyager la seconde, et pour la troisième, après avoir ficelé les bouteilles, les éleva dans un bain-marie à soixante-dix degrés, et les envoya ensuite

CHAPITRE IV

voyager. Au retour, il les goûta simultanément: trouva un goût de vert à la première partie, un arome agréable à la seconde, quant à la troisième : « Rien, dit-il, n'égalait sa finesse et son bouquet. Il paraissait avoir trois feuilles (années) de plus que celui qui était resté chez moi. » Un peu plus tard, M. Gervais écrivait un Mémoire pour prouver que non seulement les vins chauffés s'amélioraient, mais encore qu'ils étaient préservés des maladies auxquelles succombaient les autres vins de même provenance, et que quelques-uns, chauffés en pleine maladie, en guérissaient sous cette influence. M. Vergnette-Lamotte et M. Pasteur ont repris ces questions et les ont étudiées avec un soin minutieux.

Il est établi aujourd'hui que le chauffage, en tant que procédé d'amélioration, ne convient pas à tous les vins. Il ne vieillit que les vins très généreux, qui auraient trop de verdeur. Appliqué aux autres qualités, on pourrait plutôt dire qu'il leur communique de la sécheresse, de la maigreur, un goût particulier de chauffé qui ne séduit point, et qu'il en fait ressortir la platitude.

— En tant que procédé de conservation pour les vins qui menacent de s'altérer, le chauffage est au contraire recommandé et peut, dans certaines conditions, donner de bons résultats.

Quant au procédé opératoire, le meilleur de ceux qui ont été proposés nous semble être celui de M. Vergnette-Lamotte, qui consiste à mettre le vin dans des bouteilles ou des petits fûts, que l'on soumet à une étuve de quarante à cinquante degrés au plus; car il paraît avéré qu'une température de quarante à cinquante degrés suffit pour rendre inertes les divers ferments du vin. — Pour les amateurs, une armoire adossée à une cheminée suffit à la vérification des faits énoncés ci-dessus. On y met des bouteilles dans lesquelles on laisse un petit vide entre le vin et le bouchon; on ficelle avec soin, et on *oublie* le vin dans l'armoire pendant quelques mois. La chaleur de la cheminée suffit pour donner l'effet désiré.

Après avoir expérimenté l'influence de la chaleur, on s'est demandé quelle pourrait être l'influence du froid sur les vins. Ici, comme dans l'expérience qui précède, le résultat est complexe.

CHAPITRE IV

Lorsque, après avoir congelé un vin de manière à ce que la partie solidifiée représente sept à dix pour cent, on goûte la partie restée liquide; on observe, s'il s'agit d'un vin généreux, une augmentation de richesse alcoolique, une couleur plus veloutée, une grande vivacité de goût, à quoi il faut ajouter la propriété de ne plus entrer en fermentation. La portion congelée et séparée est composée de bitartrate de potasse et de matières colorantes et azotées avec de l'eau légèrement alcoolisée. — S'il s'agit, au contraire, de vins communs, cette opération ne les améliore pas et les réduit de moitié. Comme on doit considérer la question au point de vue économique, on renoncera à ce procédé, pour le vin de l'ouvrier qui n'a pas besoin d'être d'une garde indéfinie, et qui pourrait devenir nuisible pour la santé, étant privé des sels qui sont des condiments pour l'estomac.

Du reste, rien de plus simple que d'arriver à congeler le vin. Pour cela, il suffit de choisir une soirée d'hiver claire, avec un vent nord-est, et une température de six degrés. On sort les fûts dans un endroit non abrité, et il est rare que pendant deux ou trois nuits on n'obtienne pas un froid de neuf degrés. Cela suffit à l'opération, et il ne reste plus qu'à soutirer le liquide sans remuer le fût. — Si l'année ne se prête pas à un froid suffisant, on peut encore obtenir une congélation artificielle, à l'aide d'une sabotière remplie de mélanges réfrigérants, comme la neige et le sel, par exemple. — Cette opération et la déperdition de liquide qui en résulte, augmente le prix du vin d'un minimum de quinze à vingt pour cent.

Influence du transport sur les vins. — Les voyages et les transports agissent sur les vins comme la chaleur et le froid : ils les vieillissent, et par suite les améliorent sensiblement. On fait voyager les vins de Bordeaux et de Bourgogne, les vins de liqueur et, en général, les vins généreux, dans les pays les plus lointains, et on en obtient des résultats merveilleux. La manière de voyager importe peu. Soit que les fûts soient à fond de cale des navires, soit qu'on les groupe en forme de radeaux, leurs migrations lointaines mûrissent leur caractère comme celui de l'homme. Mais gardez-vous de les mettre en route s'ils sont

CHAPITRE IV

déjà vieux : ils ne pourraient que perdre ; et si leur santé ne vous paraît pas très robuste, quoique jeunes, ajoutez-leur du sucre et de l'esprit, l'un pour la nourriture, l'autre pour la conservation. Un vin qui ne contient pas douze pour cent d'alcool absolu et au moins six pour cent de sucre, supportera difficilement le passage des tropiques.

« Il suffit, dit M. Guyot, de charger sur une voiture, pour la transporter à quelques kilomètres, ou seulement sur une brouette, pour la conduire à quelques centaines de mètres, une barrique de vin nouveau, qui a terminé sa fermentation sensible, pour que l'acide carbonique s'en dégage de nouveau, et souvent en telle abondance, qu'elle ferait sauter le fond de la pièce, par la tension énorme qu'il exerce, si l'on n'avait soin de pratiquer près de la bonde un petit trou dans lequel on met ordinairement trois ou quatre brins de paille, avec leurs épis en dehors, pour laisser souffler le vin. »

Soins que demandent les vins vieux. — A partir de la seconde année, les soins que demandent les vins en fût, convenablement logés et encavés, sont assez peu de chose. Remplir exactement les fûts tous les mois avec du vin de la même cuvée, et les soutirer deux fois par an, au mois d'avril et au mois d'août, pour les séparer de leurs dépôts; voilà tout ce que demandent les plus rigides. Généralement, les vins rouges cessent de fermenter, et ne courent plus de risques après la première année.

Les vins blancs conservent, comme on dit, de la liqueur, c'est-à-dire de la tendance à fermenter pendant plus longtemps; mais ce n'est pas une raison pour retarder indéfiniment leur mise en bouteille, car la saveur piquante des vins mousseux, qu'ils prennent alors, n'est pas nuisible à leur qualité.

On est d'accord à dire que les qualités des vins s'affirment quinze mois après leur récolte. Certaines cuvées, qui avaient d'abord paru ne devoir donner que du vin médiocre, se trouvent alors avoir du corps, du bouquet et de la finesse, sur lesquelles on ne comptait pas; d'autres, au contraire, sur lesquelles on avait fondé des espé-

CHAPITRE IV

rances, ne fournissent qu'un vin plat et sans valeur.

Les Belges n'attendent pas plus longtemps pour mettre leurs vins en cruches et en bouteilles ; mais généralement, en France, on laisse passer la deuxième année, et on ne met les pièces en bouteilles que lorsque le vin qu'elles contiennent est très bon à boire.

« Si l'on possède un tonneau de vin vieux, dit le docteur Guyot, sans qu'on ait du vin analogue pour le remplir, et que le vin ne soit pas encore assez fait pour qu'on puisse le mettre en bouteilles, on a recours à un procédé ingénieux, indiqué par M. de Monny de Mornay, dans son livre du *Vigneron*. On remplit le tonneau de petits cailloux préalablement éprouvés, et qui ne sont pas attaqués par les acides. Mais on ne place ces cailloux dans le tonneau qu'après les avoir fait bouillir à grande eau, les avoir rincés à l'eau froide et séchés. »

Mise des vins en bouteilles. — C'est généralement au mois de mars et au mois de septembre par un temps sec, et sous une température modérée, que l'on met les vins en bouteilles. M. Vergnette-Lamotte y ajoute le mois de juillet, qu'il croit même préférable aux autres.

Comme cette opération n'est jamais bonne, à moins que le liquide soit d'une limpidité parfaite, il faut généralement commencer par un collage aux blancs d'œufs, quatre blancs par fût, que l'on pratique un mois à l'avance.

A l'avance également on a soigneusement rincé, lavé et séché les bouteilles, de façon qu'elles soient bien transparentes et ne présentent aucune tache de vieille lie. On a de même choisi des bouchons neufs, souples, lisses et assez longs.

La mise en bouteilles ne demande aucune explication spéciale; chacun a vu faire cette petite opération, à l'aide d'un robinet et d'un entonnoir. Le tirage ne doit jamais être interrompu. C'est une très mauvaise méthode de tirer une pièce de vin en plusieurs séances. A mesure qu'une personne remplit les bouteilles, il en faut une seconde pour les boucher. On bouche soit à la main, soit à l'aiguille. Après le bouchage, on recommande de goudronner le col des bouteilles

CHAPITRE IV

qui doivent être conservées longtemps pleines ; cela empêche le bouchon de pourrir.

Dans les caves de grandes exploitations, les bouteilles sont empilées par rangs, en mettant entre chaque rang des lattes de chêne, pour maintenir l'horizontalité. Chez les particuliers, on couche les bouteilles dans des casiers de bois et maçonnerie, dont chacun contient environ un demi-fût. L'usage de ces casiers est très commode pour ne pas mêler les diverses sortes de vin. Lorsque l'espace manque, et que la provision se borne à quelques bouteilles de chaque sorte de vin précieux, un porte-bouteilles en fer, fermant comme une armoire, est très suffisant.

On a remarqué des différences entre les vins de même provenance, suivant qu'ils ont été mis en bouteilles à quinze mois, d'après la méthode belge, ou à trois ou quatre ans, selon l'ancienne méthode française. Ceux qui sont traités par la première méthode ont une sève, un bouquet, un goût de fruit qu'on ne rencontre pas dans les autres vins : ceux traités par la seconde sont mieux dépouillés et moins sujets à devenir malades ; mais ils sont plus secs, moins fins, et moins séveux.

Les vins en bouteille doivent rester dans l'obscurité, et autant que possible ne pas être remués. Si l'on était absolument obligé de les déplacer, il faudrait préalablement examiner chaque bouteille, pour voir si elle ne contient pas de dépôt, soit aux parois, soit au fond, auquel cas il serait nécessaire de les soutirer, bouteille à bouteille, pour séparer le vin de son dépôt.

Nous conseillons de mettre en bouteille, non seulement les vins délicats qui doivent être conservés longtemps, mais même les vins ordinaires destinés à l'usage journalier. Quand on tire au tonneau, jour par jour, pour la consommation de la famille, il est rare que les dernières portions du liquide ne prennent pas un mauvais goût et ne contractent pas quelque maladie. Le vin mis en bouteilles, au contraire, beaucoup moins sujet à s'altérer, demeure limpide jusqu'à la fin, et gagne dans son ermitage des qualités qu'il n'avait pas.

II. Maladies des vins. — La mauvaise qua-

CHAPITRE IV

lité de la vendange, la fabrication vicieuse, l'emploi de mauvaises futailles et de mauvaises caves, enfin la disproportion dans les éléments constitutifs de ce liquide, déterminent dans les vins plusieurs maladies, qui sont : l'acescence, le tour ou pousse, la graisse, l'amertume, le goût de fût et de bouchon. Nous allons les examiner successivement.

Maladie de l'aigre. — L'acescence est la plus fréquente des altérations spontanées du vin : elle est due à la transformation de son alcool en acide acétique. Cette maladie est toujours due à l'indolence, à la paresse des vignerons ou de ceux qui sont chargés de soigner les vins. Lorsque le chapeau d'une cuve où fermente la vendange est aigri, si vous l'enfoncez dans la cuve pour le faire baigner, vous mêlez à toute la masse de votre vin des germes d'acétification, et il aigrira. Lorsqu'une barrique est en vidange, dans un cellier à la campagne, si vous laissez ouvert le fossé près de la bonde, et que vous vous contentiez de tirer au robinet, au fur et à mesure des besoins, votre vin se couvre d'abord de fleurs blanches, et bientôt il devient aigre ; lorsque vous tirez ou soutirez du vin, si vous l'enfûtez dans une barrique qui n'ait pas été préalablement lavée, nettoyée, méchée, ou qui conserve le moindre goût de bisaigre, votre vin aigrira encore.

Et contre ce mal, une fois qu'il est déclaré, rien à faire ; tous les remèdes sont inutiles, car ceux qui réussissent rendent le vin encore plus dangereux. Vendez-le donc au vinaigrier. Mais n'essayez pas de le boire, vous vous exposeriez à des maux d'estomac pour le reste de votre vie.

Maladie du tour. — Cette maladie, que d'autres nomment *pousse*, est fréquente dans les vins peu généreux du centre de la France, qu'on loge dans de mauvaises caves, et que l'on n'a pas soin de soutirer en temps utile. Elle se développe au moment des chaleurs. Le vin alors pousse les fonçures et cherche à sortir de la barrique ; il subit une sorte de seconde fermentation, prend une couleur jaunâtre, qui noircit à l'air, se présente constamment trouble, et prend un goût plat particulièrement désagréable. On dit alors qu'il

CHAPITRE IV

est *rebouilli*, et sans s'en préoccuper autrement, les gens du pays continuent à le boire.

Au fait, ce vin est absolument décomposé. Il n'a plus d'alcool, et sa lie est transformée en carbonate de potasse. C'est une boisson presque sans valeur et désagréable au palais. On doit d'autant plus blâmer les vignerons qui laissent leurs vins succomber de cette façon, qu'il est presque toujours possible de prévenir la pousse en faisant un premier soutirage en janvier, et un autre en avril, et en descendant ces vins dans une cave fraîche, comme il a été dit ci-dessus. Le traitement de la maladie déclarée est précaire. M. Chevallier conseille d'ajouter au vin poussé une petite quantité d'acide tartrique, puis de le soutirer dans des tonneaux soufrés, et d'y mettre sans retard de l'eau-de-vie et un bon collage, pour recommencer à soutirer au bout d'un mois. Cette méthode réussit quelquefois, mais pas toujours.

Maladie de la graisse. — Cette maladie est rare chez les vins rouges, mais elle attaque assez souvent les vins blancs communs, qui ont été récoltés par un temps froid et humide, et ont mal bouilli. Elle consiste en un aspect micilagineux et un goût particulièrement plat. Les vins graisseux coulent du robinet sans bruit, et filent comme de l'huile. On accuse certains cépages, comme la Folle-blanche, d'être sujets à la graisse, et on arrive à l'éviter dans quelques vignobles en faisant bouillir le vin blanc comme le vin rouge, mais exclusivement sur râpe blanche. Ce remède est un autre mal, car il donne au vin blanc une verdeur des plus désagréables. Mais, heureusement, la maladie de la graisse n'est pas inguérissable.

Parmi les procédés employés, celui qui nous semble le plus simple et le plus certain, consiste à commencer par soutirer le vin blanc graisseux, de sa lie, où fourmille une végétation parasite. On ajoute dans le nouveau fût quinze grammes de poudre de tannin, environ cinq grammes par hectolitre; quinze jours après on colle au blanc d'œuf, et bientôt après on soutire de nouveau. Le soufrage est contre-indiqué dans la maladie de la graisse.

Maladie de l'amertume. — Cette maladie,

CHAPITRE IV

qui est commune en Bourgogne, s'attaque de préférence aux vins colorés et riches en matière extractive, vers la deuxième ou troisième année de leur âge. Ils ont alors un goût d'amertume très prononcé; leur bouquet s'altère, et leur couleur disparaît : bientôt ils ne sont plus buvables. On attribue cette maladie à une décomposition de la matière colorante, sous l'influence d'un ferment particulier. Le traitement des vins amers est assez incertain. M. Maumené recommande la chaux.

Il ne faut pas confondre la maladie de l'amertume avec le goût particulier que prennent les vins très vieux au moment de leur caducité, surtout lorsqu'on laisse une bouteille en vidange. Cet état n'est pas une maladie, c'est un signe de mort.

Goût de fût et de bouchon. — Tout le monde connaît ce goût abominable de moisi que communique au vin l'emploi d'un fût malpropre; à l'intérieur duquel se sont produites des végétations parasites, qu'on n'a pas eu soin de faire disparaître, par des lavages appropriés, avant de l'employer. Le goût de moisi se produit même dans les bouteilles, lorsque les bouchons sont attaqués par l'humidité dans les caves et s'y altèrent.

On conseille, pour remédier au goût de fût, de transvaser d'abord le vin dans un tonneau bien propre, et ensuite de l'agiter avec de l'huile d'olive : un litre par barrique. L'huile essentielle, dit M. Pommier, à laquelle est due l'odeur spéciale caractéristique de la maladie en question, se dissout dans l'huile grasse, qui vient surnager et qui isole le vin du contact de l'air. — Lorsque le goût de moisi est dû au bouchon, on peut employer en petit le même traitement; mais en goudronnant le goulot des bouteilles, au moment du tirage du vin, on évitera presque toujours de s'exposer à ce désagrément.

III. Falsification des vins. — Nous entendons par falsification non seulement le mélange dans les vins de produits étrangers, minéraux ou végétaux, qui ont pour but d'en masquer les défauts et en altèrent la composition; mais aussi tous ces tripotages obscurs qui se font dans les chais, pour tromper le client sur la provenance

CHAPITRE IV

et la qualité du vin qu'il achète. Nous traiterons donc au même titre, sous le chef de falsification, les coupages, mouillages, vinages, etc., conjointement avec l'altération frauduleuse que la loi poursuit.

Coupage des vins. — Le coupage est une opération, par laquelle on mélange des vins de provenances diverses, pour corriger les défauts de l'un à l'aide des qualités de l'autre. On arrive ainsi, en mélangeant de mauvais Médoc avec de bon Périgord, à faire un vin qui est partout accepté pour du Bordeaux. De même, en mélangeant un petit vin de l'Anjou avec du Libourne de bonne qualité, on fait un Bordeaux qui passe pour excellent.

Ou j'ai perdu la notion de la justice, ou il y a là une fraude, sur la qualité de la marchandise vendue; et jamais le mélange, si habilement soit-il fait, ne trompera l'estomac des consommateurs et surtout des malades. Leurs yeux, leur goût et leur bourse seront les seules dupes, au grand détriment de leur santé. On a dit, pour justifier les coupages, qu'autrefois, les vins de dîmes étaient réputés les meilleurs vins. Mais les vins de dîmes étaient toujours de la même récolte et de la même contrée. C'était le fait d'un propriétaire qui mélange, si vous voulez, la vendange de plusieurs clos dans sa région vinicole. Cela n'a rien de commun avec les coupages qui se font toujours entre vin vieux et vin nouveau; vin défectueux, trop faible ou trop pâle, et vin louable, mais trop alcoolique ou trop coloré. Cette fraude devient une véritable mauvaise action lorsque le coupage se fait entre un vin rouge et un vin blanc. Malheureusement, la chimie ne peut fournir aucune donnée précise pour résoudre ce problème, et il faut s'en rapporter à l'appréciation des dégustateurs.

Mouillage des vins. — Le mouillage est la falsification du vin par l'eau. Cette fraude, selon Orfila, échappe encore à l'expertise de la chimie, car le fraudeur ne manque pas d'ajouter les sels qui manquent à l'eau, et qui doivent se trouver dans le vin. Il lui est moins facile de dissimuler ceux qui existent dans certaines eaux en abondance, et dont le vin n'a que des traces, tels

CHAPITRE IV

que l'oxalate de chaux, dont on peut constater la présence en traitant le résidu évaporé par l'oxalate d'ammoniaque ; mais il est difficile que le consommateur ne soupçonne pas la fraude d'après la platitude du vin et son manque de limpidité. Lorsqu'on cherche à masquer ces défauts par une addition d'alcool, le vin prend un goût alcoolique particulier, qui est celui du vin de table de beaucoup de restaurants de Paris, et qui indiquera l'origine au dégustateur attentif.

Vinage des vins. — Je viens de signaler le rehaussement des vins par l'alcool. Cette opération, qui porte le nom de vinage, est une des plus désastreuses pour la santé des consommateurs. Raspail affirme que l'alcool ajouté au vin ou à l'eau ne se mêle *jamais;* et quand on les consomme, l'estomac absorbant vite la partie aqueuse, met à nu l'alcool non combiné, qui impressionne la muqueuse, comme le ferait de l'alcool pur, avalé d'un trait. D'autre part, il est impossible de ne pas admettre que ceux qui alcooliseront leurs vins pour les vendre, le feront au meilleur prix possible, et emploieront de préférence les alcools inférieurs du commerce : alcools de betteraves, de grains, de fécules, à la place de l'alcool de vin, qui est beaucoup plus cher. Or ces alcools inférieurs apportent avec eux les produits étrangers qu'ils recèlent, et par là communiquent au vin les propriétés les plus malfaisantes. Le vin que vous avez acheté comme une boisson tonique, réparatrice, salutaire, est donc transformé en un breuvage excitant, stupéfiant et narcotique. Quoique l'analyse chimique ait quelque peine à se reconnaître dans ce genre de fraude, on peut cependant la constater; et le consommateur lui-même sera mis en éveil, d'abord par son estomac, et ensuite par l'odeur alcoolique des vins vinés, et la déflagration qui se produit quand on en projette quelques gouttes sur un brasier ardent.

Mélange au vin de cidre et de poiré. — Quelques commerçants allongent, paraît-il, leurs vins, et particulièrement les vins blancs mousseux, avec du cidre et du poiré. Ce mélange est encore moins excusable que les coupages de vins par d'autres vins, pratique contre laquelle nous

CHAPITRE IV

avons déjà protesté. Nous dirons ailleurs que les cidres et les poirés ont des propriétés spéciales, différentes de celles du vin, et que la substitution de l'un à l'autre est une tromperie coupable. Elle est du reste facile à reconnaître par l'odeur et la dégustation d'abord, et ensuite par une expérience des plus faciles. Il suffit d'évaporer le liquide et de soumettre le résidu à la chaleur d'un bain d'huile. Il se produit une caramélisation légère, qui développe l'odeur particulière aux poires et aux pommes cuites. La chimie a d'autres moyens plus précis encore, et la justice n'excuse point cette fraude.

Coloration artificielle des vins. — C'est déjà, comme nous l'avons dit, une pratique répréhensible que de colorer les vins pâles et les vins blancs avec de gros vins teinturiers, comme ceux du Quercy et du Roussillon. Que devra-t-on penser de ceux qui colorent les vins en y introduisant des matières tinctoriales étrangères, telles que les baies d'hyeble et de sureau, celles de myrtille ou de phytolacca, les bois du Brésil, de Campêche, le jus de betterave, la rose trémière, la fuschine, etc. Toutes ces drogues altèrent le vin ; quelques-unes le rendent purgatif, et d'autres absolument toxiques.

On peut sommairement reconnaître qu'un vin a été sophistiqué dans sa couleur, par un procédé très simple dû au chimiste Blum ; il consiste à imbiber une mie de pain avec le vin soumis à l'essai, et on la pose doucement sur une assiette dont le fond est recouvert d'une lame d'eau, c'est-à-dire d'une épaisseur infiniment petite de ce liquide. Si la matière colorante est fausse, l'eau se teint immédiatement, tandis que le phénomène ne se produit qu'après un quart d'heure, si le vin était pur de tout mélange.

M. Carles, pharmacien à Bordeaux, a repris une à une toutes les matières tinctoriales appliquées à la coloration artificielle du vin, et il a reconnu que : Les baies de sureau et d'hyeble avec lesquelles on fabrique à Fismes, depuis deux siècles, avec autorisation royale, une teinture pour colorer le vin, lui communiquent la propriété de verdir par l'ammoniaque, et de former un précipité rose, avec le sous-acétate de plomb. — Les baies de

CHAPITRE IV

myrtelle, généralement peu employées, communiquent au vin leur odeur particulière et la propriété de verdir par l'acétate d'alumine. — Les baies de Portugal ou de phytolacca, qui sont purgatives, étaient cultivées en si grande abondance, dans ce pays, pour la coloration des vins, que le gouvernement a été obligé d'intervenir. Le vin qu'elles colorent n'est pas attaqué à froid par les acides, mais les alcalis le font virer au jaune. — Le vin coloré au bois d'Inde donne un précipité rose avec la potasse ; — celui qui est coloré au bois de Fernambouc, un précipité rouge avec le sous-acétate de plomb ; — celui qui est coloré avec la betterave, un précipité rouge avec la potasse, et rien avec le sous-acétate de plomb ; — celui qui est coloré avec la rose trémière passe au violet pur, avec l'acétate d'alumine, — et celui qui est coloré avec la fuschine ou rouge d'aniline, rendu très dangereux par le composé arsenical qu'il contient, colore en rouge l'alcool amylique lorsqu'il est traité par le sous-acétate de plomb. — Nous ne pouvons qu'indiquer ici ces manipulations; elles ne prennent de certitude que pratiquées par un chimiste exercé.

Falsifications par les substances minérales. — Quelques substances minérales, et des plus dangereuses pour la santé, ont aussi été employées pour masquer les défauts des vins. — Nous avons déjà dit ce qui se rapporte au plâtrage ; il n'y a pas lieu d'y revenir. — Mais on n'a pas craint de recourir à l'acide sulfurique, un des poisons les plus énergiques, pour aviver la couleur des vins. — On a eu recours aux carbonates de chaux, de potasse, de soude, pour adoucir le goût des vins aigris; — à l'alun, dans le but de rehausser leur couleur et de leur donner la saveur styptique des crus de Bordeaux, — et même des sels de plomb pour en dissimuler l'acescence. Il suffit de nommer ces abominables pratiques pour que chacun puisse en constater le danger.

Les chimistes reconnaissent la présence du plâtre, avec le chlorure de baryum titré, — celle de l'acide sulfurique avec l'alcool rectifié et le chlorure de baryum, — celle des carbonates terreux par l'examen direct des précipités qu'ils donnent par l'alcool, — celle de l'alun par le

CHAPITRE IV

nitrate de baryte et l'acide nitrique, — celle du plomb par l'acide sulfhydrique. Ces analyses sont trop difficiles pour le simple consommateur, mais il est nécessaire qu'il soit averti et se tienne sur ses gardes.

IV. Des vins fabriqués. — L'appât du lucre a poussé certains commerçants éhontés, non plus seulement à falsifier leurs vins, mais à en fabriquer de toutes pièces. « On vend quelquefois dans le commerce, dit Chevallier, sous le nom de vin, un liquide qui n'en renferme pas une goutte, et dans lequel on a imité, par voie synthétique, le résultat de la fermentation du suc de raisin, avec des eaux fermentées sur des corps sucrés, tels que sirop de fécule, fruits secs, baies de genièvre, semences de coriandre, etc. » Après la fermentation, on tire à clair; si la liqueur n'est pas suffisamment colorée, on ajoute une infusion choisie parmi celles que nous avons citées; et si le goût semble plat, on le remonte avec de l'alcool. D'autres fabriquent du vin avec des lies de fûts vinaires, dans lesquelles se trouvent les résidus des collages, les égouttures de comptoir, la couche de tartre adhérente aux vieilles futailles, puis du bois de Campêche ou autre teinture, de l'alcool et de l'eau en abondance.

On arrive ainsi à fabriquer non seulement des vins louches et plats qui se débitent sur le comptoir, au grand détriment de la santé des consommateurs, mais aussi les produits savoureux de vignobles étrangers, tels que ceux d'Alicante, Malaga, Syracuse, Chypre, Madère, etc. Il existe à Cette plusieurs fabriques très connues de ces vins *feints*, et en Russie on avait monté, il y a cinquante ans, une fabrique colossale de vins de Champagne artificiels, que le gouvernement s'est vu forcé de supprimer en 1848.

On comprend, dit encore Chevallier, qu'il est presque impossible d'établir des règles précises pour l'examen de pareils produits; la seule recommandation qu'on puisse faire est de se procurer des échantillons types, c'est-à-dire les vins purs, qu'on analysera comparativement avec ceux qui sont le produit d'une imitation.

Quant au danger que présentent ces boissons, nous ne pouvons mieux faire que de citer l'opi-

CHAPITRE IV

nion d'un maître en œnalogie, le docteur Guyot. « A mesure que les principes alcooliques des boissons auront été plus rapprochés des principes fixes par leurs préparations chimiques, dit-il, leur qualité devient moins bienfaisante. Le vin naturel provenant du simple moût de raisin, sera tout à fait alimentaire. Le vin fait avec de l'eau-de-vie distillée à cinquante degrés et étendue d'eau au même degré que le vin naturel, sera malfaisant; et le vin provenant de l'esprit absolu délué au même degré, altérera profondément la santé de ceux qui en feront usage. »

Après un pareil jugement, nos lecteurs comprendront tout ce qu'il faut penser de ces boissons fermentées, dont la recette s'étale parfois dans les journaux. La meilleure n'en vaut rien. Buvez de l'eau et un peu de vin, mais ne buvez point ces boissons, pour peu que vous soyez soucieux de votre estomac. Nous avons indiqué, en leur lieu, la manière de fabriquer avec la râpe du raisin incomplètement pressé et de l'eau, des *rapés* qui sont à la fois sains et agréables et dont le prix est très peu élevé. En

LES CLEFS DE LA CAVE

voici une autre qui est également sans danger :

Prenez cent kilogrammes de raisin mûr bien écrasé, mettez-le dans une barrique propre, dont le fond est muni d'une faisselle devant le robinet; ajoutez six kilogrammes de sucre délayé et fondu dans de l'eau chaude; deux seaux d'eau presque bouillants; agitez vivement avec un bâton, achevez de remplir, presque complètement, le fût d'eau ordinaire : au bout de trois ou quatre jours, tirez quatre seaux de liquide et reversez-les par la bonde afin d'activer la fermentation. Ne bondez la barrique que quand la fermentation sera terminée, et attendez le moment de vous en servir. Vous trouverez une boisson claire, piquante et de bonne conserve, très saine, et tout à fait agréable à boire.

V

Des cidres et poirés.

Parmi les liqueurs fermentées qui remplacent le vin, dans les localités dont le climat ne permet pas la culture de la vigne, le cidre et le poiré tiennent sans contredit le premier rang. Cette boisson n'était point inconnue aux anciens. Pline, le naturaliste, en parle comme d'un breuvage usité à Rome; les Gaulois le connaissaient, et les rois francs de la première race en buvaient à leurs repas, bien avant les invasions normandes. On lit dans la vie de saint Colomban, qu'à la table de Thierry, roi de Bourgogne, le pieux moine, repoussant les cadeaux de ce prince, renversa le vin et le cidre qui se trouvaient devant lui; et dans les capitulaires de Charlemagne, il est recommandé que ses métairies soient pourvues de gens habiles à faire le cidre, la bière et autres boissons d'usage. Un auteur du xiiie siècle, Guillaume le Breton, dont il reste un poème sur Philippe Auguste, représente déjà les Normands de son époque comme faisant du cidre leur boisson ordinaire. Cependant, un ancien traité latin sur la fabrication de cette boisson, par le médecin Julien Paumier, nous apprend qu'au xve siècle le cidre était encore rare, et qu'il ne commença à devenir commun dans le nord-ouest de la France qu'au xvie siècle. Aujourd'hui on en fait partout, et les Picards, les Normands, les Bretons, les Limousins n'ont presque pas d'autre boisson de table.

On estime à cent millions de francs et environ quinze millions d'hectolitres la récolte annuelle de cidre dans notre pays. Si l'on considère que le cidre bien fabriqué est une boisson agréable, salutaire, économique et de beaucoup préférable, pour ses qualités alimentaires, aux vins falsifiés du commerce, on comprendra l'importance de la place que sa fabrication et sa conservation doivent tenir dans notre livre, et l'on ne s'étonnera pas

CHAPITRE V

que nous lui consacrions un chapitre entier. Toutefois, nous n'établirons pas de division entre ce qui s'applique au cidre de pomme, *pommé*, et au cidre de poire, *poiré*, les modes de culture, de fabrication et de conservation étant absolument identiques.

I. CULTURE DES POMMIERS ET DES POIRIERS A CIDRE. — Tous les terrains des pays humides sont bons pour la culture des pommes et des poires à cidre. Il suffit, pour s'en convaincre, de parcourir, au mois d'août, les routes de Normandie et de Picardie, et l'on verra partout, le long des chemins, dans les pâturages et dans les vergers, les beaux arbres chargés de pommes et de poires qui entraînent leurs branches jusqu'à terre. Disons cependant que le pommier aime les terrains perméables, silico-argileux et bien fumés. Le poirier s'accommode mieux d'un sol graveleux et aride. Ses racines pivotent plus que celles du pommier, qui généralement sont traçantes.

Chacun sait que les pommes et les poires ont des variétés infinies. Celles que l'on cultive spécialement pour le cidre ne sont pas les plus succulentes. On leur demande surtout l'abondance et la rusticité. Elles se rangent en trois catégories, les douces, les aigres et les amères, et se distinguent en trois saisons, selon l'époque de leur maturité, en septembre, octobre et novembre.

Nous empruntons aux auteurs du *Livre de la ferme* quelques séries rangées par saison. — 1re *saison*. Fruits amers : blanc-mollet, girard, douce molette, épice; — fruits doux : doux à l'aignel, greffe de monsieur, blanchet, ognonnet; — fruits acides : bonne ente, camoise. — 2me *saison*. Fruits amers : petit-ameret, ozanne, culnoué; — fruits doux : gallot, sonnette, rambour, peau de vache, blangy; — fruits acides : feuillard, fleur d'auge, petit soulage. — 3me *saison*. Fruits amers : mounier, petit-pré, bec-d'âne; — fruits doux : gros-bedan, roquet, fausse mounette, camière; — fruits acides, glane d'oignon, surette.

Pour les poires à cidre, il n'a pas été fait de classement aussi méthodique. Cependant, M. Dubreuil, dans son *Traité d'arboriculture*, en cite un certain nombre, parmi lesquelles : les quatre

CHAPITRE V

variétés de carisi, le saugur, la poire d'ivoire, le moquefriant, la longue-queue et la rouge-vigne.

Il faut toujours choisir des plants vigoureux et exempts de nœuds ou de bosses, élevés autant que possible dans le pays, et greffés consciencieusement avant la plantation. On aura soin de ne pas arracher les jeunes arbres, mais de les déplanter, en choisissant le moment où les feuilles sont tombées, c'est-à-dire les mois de novembre et décembre, et en ne s'adressant qu'à des plants dont les tiges ont au moins deux mètres de haut. Un auteur conseille les quatorzième, quinzième, seizième et dix-huitième jours de la lune, comme les plus propices à la plantation.

Le terrain aura été préparé d'avance, soit en ligne le long des chemins, soit en quinconce dans les vergers et les manoirs; on aura préalablement creusé des trous de quatre-vingts centimètres de profondeur, espacés de dix mètres les uns des autres, et on aura disposé près des trous une certaine quantité de compost ou de vieux fumier d'étable, pour la première nourriture des jeunes racines.

Avant la plantation, il faut lestement habiller les branches et les racines, c'est-à-dire les raccourcir, en conservant entre elles l'équilibre qui consiste à retrancher peu de branches à l'arbre pourvu de beaucoup de racines et à retrancher beaucoup plus à celui dont les racines sont moins nombreuses. On aura soin de couper les racines droites et non obliques, dit M. Brassart, pour que le bourrelet se forme plus rapidement et donne naissance à une production de petites spongioles qui deviendront des racines et assureront la croissance.

Un autre praticien conseille avec raison de praliner les racines des arbres à planter dans une bouillie faite avec de la terre végétale, des bouses de vache fraîches, des cendres de bois et du purin, allongé d'eau aiguisée au sulfate de fer.

Plantez alors après avoir couvert le fond de votre trou de terre végétale bien meuble. N'enfoncez pas trop profondément vos racines, et tenez le collet de votre arbre un peu hors de terre. Alors doucement vous remplissez le trou avec des gazons hachés menus, de la terre végé-

CHAPITRE V

tale, du compost ou du vieux fumier, puis finalement la terre du fond de la fosse. Vous arrosez ensuite afin que ces divers ingrédients légèrement tassés se trouvent en contact avec les racines qui se hâteront d'en profiter, et vous achevez l'opération en faisant autour de votre arbre une collerette de gazon frais en forme de monticule.

Cette opération terminée, il faut songer à protéger vos jeunes plants contre les coups de vent et la corne ou la langue des animaux domestiques. Pour cela, nous conseillons de les maintenir par trois tuteurs placés à égale distance avec traverses en forme d'échelle, et un fagot d'épines à l'intérieur. Si l'arbre est trop grêle, on ajoute, proche de sa tige, un quatrième tuteur, auquel on l'assujettit avec une corde de paille, sans trop serrer, par crainte des bourrelets que produirait la circulation difficile de la sève. Un enduit épais de chaux éteinte, d'argile et de cendres mélangées, maintiendra l'écorce dans un état de fraîcheur favorable, et la préservera des mousses et des insectes.

Tels sont les premiers soins et les premières

dépenses. Pendant les quatre années qui suivent, on n'aura plus qu'à tailler les branches au commencement de l'automne, après la chute des feuilles, et à étendre au pied des arbres, après en avoir remué la terre à la fourche, un paillis de fumier de vache. Avec ces simples soins, votre plantation prospérera rapidement et ne tardera pas à augmenter d'une manière très sensible la valeur vénale du terrain où vous l'aurez placée.

Au bout de quatre ans, les arbres à cidre, pommier ou poirier, commencent à donner une récolte, et ils entrent alors dans le roulement général des cultures ; mais les soins annuels qu'ils réclament sont peu minutieux, comme on va voir. Tout se résume, à peu près, à les fumer, les guéreter et les ébrancher à propos.

Tous les ans, à l'automne, après la cueillette des fruits, nous conseillons de faire un léger labour au pied des pommiers, particulièrement vers l'endroit de l'extrémité des racines, en se souvenant que les racines avancent autant que les branches sur le terrain. Cette façon ne sera indispensable que tous les trois ans, dans les lieux

CHAPITRE V

gazonnés. On retournera alors le gazon, et on lui laissera passer l'hiver, pour le diviser au printemps, le répandre comme du terreau, et semer à nouveau l'herbe qui a été détruite.

Quant à la fumure, nous invitons à ne jamais se servir de fumier de cheval et de mouton, et à ne jamais enfouir de fumier frais d'étable, car le résultat est presque toujours néfaste. Les arbres à cidre aiment par-dessus tout les composts dans lesquels on fait entrer en premier lieu la tannée des tanneries, puis, suivant les circonstances, les marcs de pommes fermentées, les gazons, les cendres de bois, les feuilles sèches, les fumiers mûrs de vache ou de porc, le purin, l'urine, les chiffons de laine, les rognures d'os, les excréments de volaille, le guano, etc.

Deux fois par an, en hiver, avant la floraison, par un temps sombre ou pluvieux, en été aux mois de juillet et août avant le développement des fruits, on en répandra une couche, au pied des arbres, particulièrement à la circonférence des branches où se trouvent les jeunes racines, comme il vient d'être dit.

L'ébranchement est presque aussi nécessaire aux arbres fruitiers que la taille à la vigne. Sans cette pratique, leur végétation trop abondante devient bientôt un fouillis dans lequel les fleurs et les fruits dépérissent. Cette opération doit être faite en automne et non au moment où la sève imbibe les extrémités des rameaux coupés. Elle sera dirigée dans le but d'aérer les rameaux qui restent intérieurement. Il faut, à la même époque, supprimer sur les vieux arbres le bois sec ou malade, les guis, les mousses et les branches gourmandes qui détournent la sève au préjudice des fruits. L'ébranchement se fait d'ordinaire avec un tranchant bien affilé porté sur un long manche. Quand il s'agit de rajeunir les arbres et d'enlever les maîtresses branches, on emploiera la scie; mais on aura soin de faire ce travail progressivement et d'année en année, afin de ne pas mutiler l'arbre tout d'un coup, ce qui le rendrait improductif. Enfin, chaque taille un peu considérable sera recouverte sans retard d'onguent de Saint-Fiacre.

Le guérétage, la fumure et l'ébranchement, tels

CHAPITRE V

que nous venons de les décrire, sont indispensables à la bonne conduite des arbres à cidre ; mais ces soins ne suffisent pas, et l'œil du cultivateur doit toujours être éveillé sur les besoins de son verger comme sur ceux de son étable.

Il arrive souvent qu'un printemps trop chaud, un été trop sec, l'absence de fraîcheur, en un mot, compromettent la floraison ou la fructification. On voit alors tomber les fleurs et plus tard tomber les fruits. Pour éviter ce désastre, donnez de temps en temps à vos arbres une boisson tonique et substantielle, non pas de l'eau pure qui les alanguirait encore, mais de l'eau allongée de purin, un lit de gazon frais, ou simplement de la paille ou des pierres pour éviter l'évaporation constante du sol qui couvre leurs racines.

Si les arbres s'épuisent par une trop grande abondance de fruits, arrosez encore, surtout à l'emplacement des petites racines ; on subviendra ainsi, en augmentant la sève, aux besoins des branches mères qui ont une grosse famille à nourrir. Si, au contraire, l'état maladif provenait d'un excès d'humidité, il faudrait drainer et ouvrir des tranchées pour faciliter le libre écoulement des eaux.

On peut regarder comme une vraie maladie, dit M. Brassart (*Guide pour la fabrication du cidre*), la mousse qui envahit les arbres et nuit à leur végétation en s'opposant à la transpiration végétale et en favorisant la multiplication des insectes nuisibles. Il faut donc enlever cette mousse. On se sert pour cela de grattoirs de brosses, de vieux balais, avec lesquels on attaque vigoureusement cette plante parasite. En outre, on couvrira les troncs et les branches d'une couche d'eau de chaux épaissie avec de la cendre, du soufre ou du pétrole. Cette opération se fait à plusieurs reprises, à la chute des feuilles et avant la pousse des bourgeons, afin d'obtenir la destruction complète des insectes qui se cachent dans les mousses et les crevasses de l'écorce, avant le développement des boutons et des fleurs qu'ils endommageraient.

Les insectes particulièrement nuisibles aux pommiers et aux poiriers sont les chenilles, les fourmis, les pyrales, etc. Quand leur abondance

CHAPITRE V

devient une menace pour la santé de l'arbre ou pour la récolte, il ne faut pas hésiter à les attaquer directement. On conseille, pour cela, de faire sous les arbres, par un temps calme, une fumigation à l'aide d'un réchaud portatif allumé de charbon de bois sur lequel on répandra un mélange de soufre et de résine en poudre. La fumée épaisse qui se dégage suffit pour étouffer les insectes. On peut obtenir encore un effet analogue en brûlant de la paille mouillée. S'il s'agit de chasser les fourmis, on y arrivera sûrement en traçant autour du tronc une large bande avec du savon noir ou du goudron.

Tous ces soins ne demandent qu'un peu de surveillance et une très courte perte de temps, en récompense de laquelle ils assurent la récolte de chaque année et améliorent très sensiblement le bien-être du cultivateur.

II. Fabrication du cidre. — Les conditions que nous avons indiquées pour une bonne vendange pourraient être répétées ici pour la cueillette des pommes. Il ne suffit pas d'avoir de bon plant et une belle récolte, il faut savoir la ramasser en temps opportun. Les pommes qui ne sont pas assez mûres manquent de parfum et de sucre et produisent un cidre faible qui a de la tendance à *se tuer*. Celles qu'on laisse trop mûrir ou pourrir ne donnent à leur tour qu'un produit défectueux.

Il y a donc un moment précis pour faire la cueillette. Lorsqu'on jugera, dit Grimaux, que les fruits sont arrivés à ce point, ce qui se reconnaît à leur couleur jaunâtre, au parfum qu'ils exhalent, à la couleur noire des pépins, et à l'abondance de ceux qui tombent sous les arbres sans être piqués, on pourra procéder à la cueillette.

On choisira pour cela, dans le décours de la lune, un temps bien sec et un beau soleil. Les fruits mouillés noirciraient, pourriraient et donneraient un jus sans vertu. Il ne faut pas gauler les arbres, car on abat ainsi les fruits verts avec les fruits mûrs ; il suffit de les secouer avec une fourche ou un crochet, et de recevoir ce qui tombe sur une toile ou une couverture.

Après la cueillette, on fait des tas, peu élevés,

CHAPITRE V

sous des abris, et, s'il est possible, sur un plancher, afin d'obtenir la maturité saccharine et d'attendre les fruits restés sur les arbres. C'est là que les pommes et les poires se parfument, se sucrent et se perfectionnent.

On recommande de ne pas mêler dans les mêmes tas les différentes sortes, mais de mettre les pommes acides avec les acides, les sucrées avec les sucrées et les amères avec les amères. Cependant les guêtines qui sont tombées sous l'arbre par suite de piqûres d'insectes, sont généralement reunies en un seul tas.

On les abandonne à elles-mêmes pendant un temps plus ou moins long, de huit jours à un mois, pourvu qu'elles ne s'échauffent point; car, quoi qu'il en ait été dit et écrit, nous ne croyons pas que le pourrissage des pommes donne une qualité supérieure au cidre. Il faut encore, si le temps est froid, préserver les fruits de la gelée avec de la paille et de vieilles couvertures.

Pour conserver les pommes pendant plusieurs mois, dit M. Brassart, il faut les emmagasiner dans des silos semblables à ceux qu'on fait pour les pommes de terre et les betteraves. On tapisse les parois des silos avec de la paille d'une épaisseur de cinq à six centimètres. Quand ils sont pleins, on les recouvre de paille et de terre en forme de monticule, et on place au milieu de ce monticule une poignée de paille verticalement, pour former une cheminée d'appel qui évacue la vapeur d'eau de végétation. Le cidre fait avec ces pommes, en février ou en mars, est d'une qualité supérieure.

Lorsque les fruits ont achevé leur maturation, on les assortit pour les piler et les presser. « Le meilleur cidre se fait avec un mélange de pommes douces, amères et acides de la même saison. » Les pommes douces seules produisent une boisson agréable, mais faible en couleur et de courte durée. Les pommes amères seules produisent de la force, mais elles épaississent trop le cidre. Les pommes acides seules produisent une boisson faible, très médiocre et sujette à brunir hors du tonneau. On constate, en outre, que les pommes amères sont celles qui donnent le moins de jus, que les pommes douces en donnent davantage, et

CHAPITRE V

que les pommes acides en donnent le plus. (Joigneaux : *Le Livre de la ferme.*)

Autrefois, on pilait les pommes dans une auge en bois, à l'aide de pilons en sorbier. Cette méthode lente et un peu coûteuse donnait d'excellents résultats. On se sert maintenant, soit d'une meule verticale tournant sur un soutre en pierre à l'aide d'un cheval, soit d'un moulin à pommes avec engrenage en fer qu'un homme fait manœuvrer à l'aide d'un volant.

A mesure qu'on retire les fruits de dessous le pilon, il faut les verser dans de grands cuviers, où l'on ajoute, par hectolitre de pommes ou de poires, dix litres d'eau pure de pluie ou de rivière, mais jamais de puits. On laisse macérer la pulpe ainsi pendant un jour, en la remuant à la pelle plusieurs fois pour lui faire prendre une couleur rouge brun. L'action de l'air a pour effet de brunir le jus, de faire éclater les cellules qui le contiennent et de faciliter sa séparation d'avec la pulpe. Si les pommes sont amères, on peut les laisser macérer un peu plus longtemps, mais sans perdre de vue qu'une longue macération rend la boisson moins alcoolique.

Le pressurage se fait à l'ordinaire, comme pour la râpe, mais on s'y reprend généralement à trois fois. On prend d'abord la pulpe à l'aide d'une pelle, et on l'étend dans la maie du pressoir pour en former une couche de quinze centimètres d'épaisseur. Sur cette couche, on étend un mince lit de paille de seigle, ou de branches de hêtre récemment coupées et privées de feuilles, ou encore d'osier treillissé. On recommence à mettre sur ce premier lit une autre couche de pulpe semblable à la première, que l'on couvre d'un second lit de paille ou de claies, et ainsi de suite jusqu'à la hauteur d'un mètre environ, et l'on recouvre le tout de planches et de madriers croisés, sur lesquels on fait descendre le treuil.

Il est d'usage, quand la motte est ainsi montée, de la laisser égoutter spontanément pendant quelques heures, pour laisser passer ce qu'on appelle le cidre de mère-goutte. On presse ensuite énergiquement, et généralement cette première opération produit de 30 à 40 litres de jus par hectolitre de pommes. Avec le pressoir à

CHAPITRE V

percussion de Réveillon, dont le prix n'est que de 150 francs, on peut augmenter ce rendement d'un tiers. — On démonte alors la motte pour en monter une nouvelle avec de la pulpe fraîche, et pendant que cet ouvrage se fait, on repasse au moulin la pulpe déjà pressée de la première motte, et on la fait macérer dans une nouvelle quantité de 25 à 30 litres d'eau par hectolitre. Au bout de vingt-quatre heures de macération, cette vieille pulpe est encore montée en motte et pressée. C'est la seconde presse. Le jus qui en proviendra devra marquer cinq à six degrés à l'aréomètre; s'il était inférieur, on le mettrait de côté pour servir d'arrosage au deuxième pressurage de la deuxième motte. Quelques personnes mêlent ce jus à la première tirée, d'autres le gardent à part sous le nom de petit cidre. — Dans beaucoup de fermes, on recommence une troisième fois à démonter chaque motte, on repasse au moulin, on ajoute une nouvelle quantité d'eau, et on fait fermenter vingt-quatre heures pour represser encore. C'est alors le jus de cette troisième presse qui sert à arroser le deuxième moulinage de la motte suivante.

Trois hectolitres de pommes, dit M. Brassart, donnent ordinairement, par l'ancien système, un hectolitre de gros cidre au premier pressurage, et 175 litres de cidre moyen au deuxième pressurage : le premier marquant huit à neuf degrés, le deuxième trois à cinq.

A mesure que le jus tombe de la rigole de la maie, on doit le recevoir dans un cuveau, à travers un tamis qui retient au passage la pulpe et les pépins. Il faut, sans retard, suivant quelques fabricants, comme nous avons indiqué pour le vin blanc, le mettre dans des tonneaux débondés, pour le laisser bouillir, écumer et purifier à l'aise. Selon d'autres cultivateurs qui ont pour eux l'exemple séculaire des habitants de Jersey, dont le cidre a une réputation européenne, il est préférable de mettre fermenter le cidre doux, comme on fait pour le vin rouge, dans une vaste cuve ouverte par le haut, où la fermentation est plus facile à observer et à provoquer quand elle ne se manifeste pas assez promptement. En général, il ne faut pas plus de deux jours pour

CHAPITRE V

que l'ébullition commence ; on s'en aperçoit au bruit particulier qui se produit dans le liquide, à la chaleur qui se développe dans la cuve, et à la montée des impuretés qui viennent former un chapeau au-dessus de la masse.

Dans le cas où la basse température du cellier, le mauvais temps ou toute autre cause retarderaient le commencement de la fermentation, il faudrait la précipiter en ajoutant dans le tonneau, soit quelques chaudronnées de cidre chauffé, soit deux ou trois kilogrammes de glucose par hectolitre, en respectant le chapeau.

Point n'était nécessaire, je pense, de répéter qu'avant de servir, la cuve devait avoir été préalablement lavée, nettoyée et recerclée avec le plus grand soin. Le goût de moisi, d'aigre, de pourri est aussi nuisible aux fûts de toute sorte pour le cidre que pour le vin. Que les cultivateurs visitent donc leurs tonneaux et leurs barriques, non seulement pour qu'ils ne laissent pas perdre la liqueur qui leur sera confiée, mais pour qu'on fasse disparaître tout ce qui pourrait altérer la pureté de son goût. Nous avons déjà parlé de l'emploi du soufre et de l'acide sulfurique. On a encore recours en Normandie à un mélange d'alun de sel et d'eau bouillante, ou à l'action de la chaux vive dont on met 500 grammes par barrique avec quelques seaux d'eau froide, et que l'on bouche hermétiquement avec de vives oscillations dans tous les sens pendant vingt-quatre heures. Après ces opérations, on rince à l'eau froide jusqu'à ce que l'odeur soit devenue franche.

Après huit à dix jours de fermentation, il est temps de retirer le cidre de la cuve et de le mettre en fût. Suivant les usages locaux, on se sert de grands foudres contenant 30 à 40 hectolitres, ou des barriques ordinaires que l'on a sous la main. Les barriques à vin bien rincées sont très suffisantes. Si le cidre a fermenté dans des barriques, l'opération se résume en un soutirage ; un usage assez répandu est d'ajouter à chaque pièce quelques poignées de copeaux de hêtre vert, pour augmenter la proportion du tannin et assurer la conservation du cidre ; on bonde ensuite les pièces, et on les descend à la cave s'il y a lieu,

CHAPITRE V.

ou mieux on attend la fin du premier hiver que les soutirages soient terminés.

III. Conservation du cidre. — Si vous voulez de bon cidre, il ne suffit pas de le débarrasser, à la fin de la fermentation, des matières étrangères qui l'encombrent, par un premier soutirage s'il a fermenté dans des fûts, ou la mise en fûts bien propres s'il a fermenté dans une cuve; il faut, à un mois de là, le visiter; s'il est limpide, le soutirer sans collage. Cette opération est la seule capable de conserver un cidre bien coloré, de bon goût et d'odeur franche. La présence de la lie est toujours un obstacle à la conservation.

Vous recommencerez après les gelées, alors que la dernière fermentation intérieure est achevée, et avant de mettre vos fûts dans la place définitive qu'ils doivent occuper à la cave. Dans cette opération nouvelle, vous aurez bien soin de vous arrêter à la lie. Le préjugé qui veut que le cidre se conserve mieux sur sa lie doit être rangé à côté de celui qui prétend que les pommes pourries sont d'égale qualité que les pommes saines. Après ce second soutirage, je vous engage à mettre un peu d'huile d'œillette dans les fûts, afin d'éviter au liquide le moindre contact de l'air, et par suite la plus petite chance de tourner à l'aigre. Vous pourrez aussi, si vous le jugez indispensable, ajouter à votre cidre un peu d'eau-de-vie pour en augmenter la force, mais cela avec une modération extrême. Soyez également sobre des additions d'eau de cachou et autres ingrédients destinés à lui donner une plus forte dose de tannin ; vous courez risque de faire perdre à votre boisson ses propriétés salutaires.

C'est ordinairement six mois après la fabrication que le cidre est mis en perce pour la consommation de la famille. Il doit être alors complètement paré, c'est-à-dire limpide, doré, pétillant, franc de goût et suffisamment corsé, sans mousser cependant et sans *se tuer*, c'est-à-dire brunir dans le verre. En ayant la précaution de maintenir une légère couche d'huile dans le fût en vidange, on peut tirer chaque jour à même la provision du ménage sans qu'il aigrisse.

On peut également le mettre en bouteilles pour le conserver quelques années. On conseille alors

CHAPITRE V

de se servir de bouteilles de grès et de ficeler suffisamment les bouchons pour qu'ils ne partent pas. Si la fermentation n'est pas terminée avant la mise en bouteille, il devient alors mousseux et capiteux. Au bout de quelques années, il meurt dans les bouteilles, perd son alcool et devient plat.

Les *maladies* du cidre sont nombreuses, comme celles du vin, et presque toujours elles ont pour cause le manque des soins nécessaires à la fabrication ou à la conservation de ce liquide. De ce nombre sont l'*acidité*, provenant de ce qu'on n'a pas suffisamment laissé mûrir les fruits; la *graisse*, due à l'insuffisance d'alcool et de tannin, c'est-à-dire la plupart du temps à une proportion d'eau exagérée; le *changement de couleur* à la lumière, qui provient de ce qu'on a laissé séjourner les lies trop longtemps dans le fût. Nous sommes obligés de dire que la plupart des traitements préconisés contre ces maladies altèrent la salubrité de la boisson et remplacent un vice par un autre. Quand donc on aura essayé sans succès le collage, et, s'il le faut absolument, le sucrage et le tannage dans des proportions très limitées, nous proposons aux cultivateurs de s'abstenir et de brûler leur cidre pour en faire un produit industriel, en renonçant à l'utiliser comme matière alimentaire.

VI

De la bière.

On attribue l'invention de la bière aux habitants de Péluse, qui, ne pouvant cultiver dans leurs terres que des grains, à cause des inondations périodiques du Nil, trouvèrent l'art de se faire une boisson avec leur orge et, suivant l'expression de Pline, forcèrent l'eau de leur fleuve à les enivrer. Athénée, Théophraste, Diodore de Sicile rendent témoignage que les Gaulois, nos pères, connaissaient cette boisson. Les Francs et les Germains en faisaient grand usage, et Charlemagne, dans ses *Capitulaires,* ordonne que parmi les ouvriers de ses fermes il y en ait toujours un qui sache faire de la bière.

Aujourd'hui elle est d'un usage journalier dans la plupart des maisons du nord de la France, de l'Angleterre, de la Belgique, de la Hollande, de l'Allemagne, etc. Il s'en consomme autant que de vin, et il n'est pas, même dans nos provinces du Midi, si petit cabaret qui n'en soit approvisionné.

Avec la causticité d'un ami du vin clair, le docteur Guyot prétend que cette boisson, au lieu de porter les poètes sur les ailes de Pégase, ne leur donne qu'un baudet pour monture. D'autres l'accusent d'attrister l'esprit, de pousser démesurément à l'embonpoint. « En fait, dit l'hygiéniste Michel Levy, un Strasbourgeois, c'est une boisson saine qui apaise la soif, active la sécrétion urinaire et muqueuse, et, unie aux aliments solides, favorise la digestion. »

La fabrication de la bière a pour base le houblon et l'orge germé. Mais dans d'autres pays, on remplace l'orge par l'avoine, le froment, le seigle, le maïs. Nous avons décrit ailleurs la culture de ces céréales (voir le volume *Les Plantes de grande culture*), mais nous n'avons rien dit du houblon, nous réservant d'en parler ici. Nous allons donc étudier successivement et aussi brièvement que possible ce qui a trait à la culture du

CHAPITRE VI

houblon, à la fabrication de la bière et à la conservation de ce liquide.

I. Culture du houblon. — Cette plante, qu'on appelle avec raison la vigne des pays froids, n'est cultivée en France que dans les régions du nord et de l'est. Les terrains riches en humus, reposant sur un fond tourbeux et humide, sont ceux que le houblon préfère. Il aime mieux les vallées que les terrains élevés et tourmentés des vents. Son exposition favorite est le midi. Il redoute le voisinage des grandes routes et celui des étangs et des marais. Il est avide de fumier de ferme, de gadoue et de terreau.

Le houblon est, comme le chanvre, une plante dioïque, c'est-à-dire que les fleurs mâles et femelles naissent sur des pieds différents. L'expérience a démontré que les plants à fleurs femelles présentaient seuls les qualités requises pour la fabrication de la bière. Aussi ne cultive-t-on que les pieds femelles, et, pour les multiplier, on se sert de la bouture.

. Disons encore que le commerce dédaigne les houblons à grands cônes allongés, parce qu'ils sont pauvres en lupuline, poussière aromatique, qui constitue la propriété antiputride du houblon.

Deux variétés de houblons à petits cônes sont cultivées de préférence, la précoce et la tardive ; non pas qu'elles aient absolument les mêmes qualités, car la tardive est supérieure, mais afin de pouvoir échelonner la cueillette en employant moins de bras.

Lorsqu'un champ est destiné à cette culture et préparé en conséquence, c'est-à-dire débarrassé de ses mauvaises herbes, vous choisissez les beaux jours du mois de mars, époque de la taille, et vous creusez, en ligne, à un mètre de distance en tous sens, des fosses de quarante centimètres de côté environ ; vous les remplissez à demi de fumier, puis entièrement de terre végétale que vous terminez en motte, et sur cette motte vous piquez, à vingt centimètres de profondeur, trois ou quatre pousses ou boutures retranchées récemment des anciens pieds pendant l'opération de la taille. Ces plants sont munis de leurs racines. On ne les met en place qu'après les avoir pralinés, et à l'aide d'un plantoir ; ils doivent dépas-

CHAPITRE VI

ser la surface du sol de cinq centimètres. Au bout d'un mois, quand on a acquis la certitude qu'ils ont repris, on supprime les moins vigoureux, pour ne conserver que le plus beau; si tous sont morts, on en repique de nouveaux.

Un mois au plus après la plantation, il faut songer à l'*emperchage;* car les mois d'avril, mai et juin suffisent à cette plante pour atteindre son développement. Les perches à houblon, c'est-à-dire les tuteurs sur lesquels il doit s'appuyer en grandissant, sont des tiges de sapin de huit à dix mètres de hauteur, que l'on plante entre les pousses, à l'aide d'un pal en fer, après en avoir trempé le pied dans du goudron.

Appuyée sur ce support, la plante croît plus ou moins vite, selon les conditions atmosphériques. Elle tourne autour de sa perche, allant toujours de gauche à droite, comme le soleil. C'est surtout pendant les nuits humides et chaudes que la végétation progresse avec une rapidité qui tient du prodige. On a vu des tiges s'allonger de soixante centimètres d'un soleil à l'autre. Après avoir enroulé ses spirales jusqu'au sommet de la perche, la tige flexible, ne trouvant plus d'appui, retombe en festons, s'enlace aux pousses voisines, et forme dans l'azur du ciel les plus gracieuses draperies de verdure.

Durant le cours de cette végétation, il est d'usage de donner au moins deux façons : la première pour enlever les mauvaises herbes et rendre le sol perméable à la pluie, la seconde pour butter le terrain autour des tiges et leur distribuer la fumure.

Pour les houblonnières anciennes, on agit absolument de la même manière. Après les avoir taillées au printemps, c'est-à-dire enlevé les pousses superflues et les racines inutiles, ne laissant que la racine-mère garnie des yeux nécessaires de manière à forcer la sève à se concentrer sur les points utiles, et mis au pied la fumure convenable, vous pratiquez, dans le courant de l'été, l'élagage des pousses inutiles et les façons indiquées, et vous vous contentez de consolider les perches que nous supposons plantées à poste fixe, parce que ce mode nouveau de culture, quoique le plus coûteux en apparence, est en

CHAPITRE VI

réalité celui qui économise le plus de main d'œuvre.

Vers les mois d'août et de septembre, les cônes du houblon mûrissent, c'est-à-dire changent de couleur, jaunissent et prennent un parfum particulier. C'est le moment de la récolte. Un homme alors monte sur une échelle double à large base, armé d'un long bâton, portant à son extrémité une serpe, coupe les sarments et fait glisser le houblon jusqu'au pied de la perche. Dans d'autres pays, les perches sont arrachées une à une, débarrassées de leurs liens de houblon et mises de côté jusqu'au printemps prochain.

Les tiges de houblon une fois à terre sont livrées à une armée de femmes et d'enfants, dont la mission est de cueillir les cônes, un à un, bien proprement, dans des paniers, pour les porter au séchoir. Il importe de ne pas mêler à la récolte les queues et les petites feuilles qui diminueraient la valeur marchande du produit. Il est indispensable que la cueillette se fasse par un temps sec et autant que possible par un beau soleil.

On transporte alors les cônes promptement dans un séchoir, où ils sont étendus sur des claies par couches de quatre à cinq centimètres d'épaisseur. On les retourne de temps en temps, et lorsque l'air est sec et chaud, la dessiccation s'accomplit en peu de jours.

Alors on procède à une dernière opération. Le houblon desséché est mis en tas d'un mètre d'épaisseur environ. Au bout de sept à huit jours on y plonge la main, et si l'on sent qu'il est tiède et un peu humide, on l'étend pendant un jour ou deux pour le mettre ensuite de nouveau en tas. Cette manœuvre est recommencée jusqu'à ce que les cônes soient d'une sécheresse parfaite. On les emballe alors en les pressant fortement pour les livrer aux fabricants de bière.

II. Fabrication de la bière. — Nous avons dit qu'on fabriquait généralement en France la bière avec l'orge et le houblon. Ce n'est qu'exceptionnellement qu'on remplace le houblon par de jeunes pousses de pins ou des feuilles de buis, et l'orge par un autre blé, comme l'avoine ou le seigle.

CHAPITRE VI

L'orge employée à cette industrie doit être de l'année, pour avoir une propriété germinative très développée; elle doit être lourde, c'est-à-dire peser environ soixante-quatre kilogrammes à l'hectolitre, avec des grains bien pleins et une enveloppe mince. — Les cônes de houblon, de leur côté, doivent être de culture récente, et contenir la plus grande proportion possible de cette précieuse lupuline qui doit communiquer au liquide ses qualités aromatiques et amères. La fabrication de la bière comprend quatre opérations diverses que nous traiterons successivement : le maltage, l'empâtage, le houblonnage et la fermentation.

Le maltage est une germination incomplète qu'on arrête quand la production de la diastase a atteint la limite convenable. Il comprend lui-même plusieurs opérations, dont le résultat est la production du *malt*.

Il faut d'abord opérer le mouillage du grain. Pour cela, l'orge est versée dans des bassins étanchés, en bois ou ciment, mais qu'il ne faut jamais doubler de plomb, par crainte des empoisonnements. On y jette ensuite quatre fois son volume d'eau, et on opère, à l'aide d'une pelle, une rotation vigoureuse, pour laver le blé. Après quelques instants, on enlève les balles qui surnagent, et on soutire l'eau trouble, qui est remplacée par de l'eau claire. L'opération dure vingt-quatre heures en été, et trente-six en hiver. Au bout de ce temps, les grains sont assez gonflés pour pouvoir s'écraser sous l'ongle. A ce signe, on laisse écouler l'eau par un robinet.

Les grains étant encore humides, mais non mouillés, on les porte au germoir : c'est une pièce chauffée et munie d'un plancher très uni, imperméable et facile à laver. La température en est de quatorze à dix-huit degrés. On y met l'orge en tas au milieu, et on étend successivement le tas du milieu vers les murailles, à mesure que la germination se fait, en donnant à la couche, d'abord une épaisseur de cinquante centimètres, puis de quarante, puis de vingt, et enfin de dix centimètres. Il se produit pendant la germination un dégagement considérable d'acide carbonique, qui oblige à renouveler l'air. Au bout d'un temps qui

CHAPITRE VI

varie de huit à quinze jours, la petite radicelle du grain s'est développée de manière à présenter la longueur du grain lui-même. C'est le moment d'arrêter la germination.

On procède alors à la dessication, opération délicate qui se pratique d'abord dans un grenier, puis dans une étuve appelée touraille. La chaleur doit être conduite de façon à sécher le grain sans le décomposer. Lorsque l'eau est évaporée, on porte la chaleur jusqu'à quatre-vingt-dix degrés, et le grain se caramélise à l'intérieur.

Une nouvelle opération consiste à séparer du grain les radicelles. Il suffit, pour cela, de cribler le malte dans un tarare muni d'un ventilateur. La perte est de trois pour cent. On utilise ces déchets sous le nom de touraillons ; ils donnent un engrais très puissant.

Ainsi préparé, le malt peut se conserver en grains, que l'on moud au fur et à mesure des besoins. Les brasseurs qui ont expérimenté cette propriété choisissent généralement le printemps pour préparer la provision de malt qui leur sera nécessaire pendant toute l'année. On a reconnu que la bière faite avec ce malt du printemps est d'une qualité supérieure ; aussi les débitants ne manquent jamais d'affirmer que leur boisson est une bière de mars.

L'*empâtage* est la seconde phase de la fabrication de la bière. Avant d'y procéder, il faut moudre le malt. Cette mouture se fait entre deux meules assez écartées pour concasser le grain sans le mettre en poudre.

Sans perdre de temps, dit M. le professeur Coulier, que nous suivons dans cette description, le malt concassé est placé sur un diaphragme percé de trous, et maintenu à quelques centimètres au-dessus du fond d'une grande cuve en bois, appelée cuve-matière. On fait arriver, entre le fond de la cuve et le diaphragme qui supporte le malt, de l'eau à soixante degrés, et on brasse le mélange, soit à la main, soit à l'aide d'agitateurs. Après une demi-heure de repos, on dirige dans la cuve un courant d'eau à quatre-vingt-dix degrés, de telle sorte que la température du mélange s'élève à soixante-dix. On brasse de nouveau, on ferme la cuve et on laisse

CHAPITRE VI

la réaction s'effectuer pendant trois heures.

Le liquide contenu dans la cuve est alors mis de côté; mais comme le malt n'est pas encore épuisé, on recommence avec moitié moins d'eau, portée à la température de quatre-vingt-dix, un nouveau brassage aussi énergique que le premier. Après le repos indiqué ci-dessus, cette nouvelle liqueur est retirée de la cuve et mêlée à la première. Ce mélange, qui porte le nom de moût, est dirigé vers la chaudière à houblon, tandis que le déchet, épuisé et recueilli sous le nom de *drèche*, est livré au commerce pour la nourriture des bestiaux.

Le *houblonnage* suit l'empâtage. Il consiste à mettre en présence les cônes de houblon desséchés et le moût de la bière dans d'immenses chaudières closes, que l'on chauffe jusqu'à l'ébullition, et dont le contenu est agité pendant ce temps à l'aide d'un appareil spécial. On brasse à la pelle, si on ne peut faire mieux. L'habitude indique le moment où il faut arrêter le houblonnage. On vide alors les chaudières, et l'on s'efforce de refroidir rapidement le mélange pour éviter les fermentations acides et visqueuses. Il ne reste plus qu'à décanter le liquide à travers le houblon, pour le diriger vers une nouvelle cuve où doit s'opérer la fermentation.

La *fermentation* ressemble beaucoup à ce que nous avons décrit pour le vin et le cidre. On l'opère sous un hangar, soit dans des cuves fermées avec cheminée, soit dans des cuves ouvertes. Le moût, abandonné à lui-même, ne tarde pas à fermenter spontanément, et c'est par ce simple procédé qu'on obtient la bière belge, qui porte le nom de faro. Mais comme cette fermentation est lente au gré de nos brasseurs, ils y ajoutent, sous le nom de *levure*, une certaine quantité de ferment provenant des opérations précédentes, qui se conserve comme le levain de la pâte chez les boulangers, et s'offre aux yeux sous l'aspect d'une bouillie grisâtre, dans laquelle les savants reconnaissent une végétation cryptogamique. On emploie de deux à quatre kilogrammes de ferment par mille litres.

La durée de la fermentation est considérablement réduite par ce moyen. Beaucoup de bras-

CHAPITRE VI

seurs en limitent le temps à quarante-huit heures, pendant lesquelles une mousse abondante se déverse par-dessus les bords de la cuve.

On considère alors que la bière est faite, et, suivant qu'elle doit être consommée de suite ou conservée, elle est soutirée dans de petits fûts, où la fermentation s'achève promptement, ou dans de grands foudres, où un travail plus lent se poursuit pendant plusieurs semaines.

Il ne reste plus qu'à clarifier le liquide à la colle de poisson, avant de l'expédier au consommateur, dans des fûts épais et spéciaux, qui portent le nom de quartauts.

III. DIFFÉRENTES SORTES DE BIÈRES. — Ce rapide exposé de la manière dont les brasseurs traitent l'orge et le houblon pour en tirer la bière suffira, je pense, pour faire comprendre au lecteur, comment on peut à volonté, par une torréfaction plus ou moins prolongée, des proportions diverses dans les matières employées, et quelques modifications dans les différentes phases de la fabrication, obtenir de la bière pâle ou brune, forte ou faible, mousseuse ou tranquille, sucrée ou acide, suivant le goût des consommateurs.

Au point de vue du goût, on pourrait adopter la division en *bières amères*, comme la bière du nord de la France et le *Pale-ale*, et *bières sucrées*, comme la bière de Munich, de Vienne, d'Amsterdam, de Strasbourg. — Au point de vue de la richesse alcoolique, il faut chercher une autre classification :

L'Ale, qui est remarquable par son goût fin et aromatique, et sa parfaite translucidité, renferme huit pour cent d'alcool. — Le *Porter brun*, très estimé des Anglais et des Hollandais, qui en arrosent habituellement leurs repas, contient six pour cent d'alcool. Les *bières de Munich, de Vienne, d'Amsterdam*, en contiennent cinq ; la *bière de Strasbourg, de Lille, la bière double de Paris* en contiennent quatre; la *bière de Lyon*, de trois à quatre; la petite bière ordinaire, de deux à trois, et même un.

Au lieu de passer le temps à les décrire une à une, je crois préférable, pour mes lecteurs, de donner ici, d'après M. Brassart, la recette d'une bière de ménage économique et salubre, qui ne

CHAPITRE VI

revient pas à plus de cinq centimes le litre.

Pour un fût d'un hectolitre, vous prenez : houblon, 625 grammes ; sel de cuisine, 100 grammes ; écorces d'oranges débarrassées de la pulpe blanche, 30 grammes ; racines d'iris, 20 grammes ; mélasse des colonies ou cassonnade rousse, 4 kilogrammes ; charbon de bois, 2 kilogrammes ; levure de bière, 250 grammes ; drèche, 25 litres, ou orge séchée au four, 5 litres. — Vous faites fondre à part, dans une suffisante quantité d'eau, votre mélasse, et infuser dans un autre vase vos écorces d'oranges avec les racines d'iris et de l'eau chaude. — Puis, commençant l'opération principale, vous faites infuser dans une grande chaudière d'eau presque bouillante votre houblon et votre drèche, ou l'orge séchée, préalablement concassée, de manière à ce que tout baigne bien. Au bout de trois quarts d'heure à une heure, vous versez votre infusion dans le tonneau à travers un linge ou un tamis ; vous recommencez une deuxième fois avec le même houblon et la même drèche, et une pareille quantité d'eau bouillante, et au bout d'une nouvelle heure d'infusion, vous ajoutez le liquide au précédent dans votre fût, avec les mêmes précautions. Au besoin, si votre houblon n'est pas encore épuisé, vous recommencez une troisième fois une dernière infusion, avec moitié moins d'eau bouillante, et au bout du temps indiqué, vous en versez l'eau dans votre tonneau. Vous ajoutez alors le sel, le charbon, la mélasse fondue et l'eau parfumée des écorces d'orange et des racines d'iris. Vous achevez de remplir votre fût avec de l'eau ordinaire, et, sans le boucher, vous le mettez dans un lieu dont la température ne soit pas au-dessous de quinze degrés. Du quatrième au huitième jour, la fermentation commence. Elle dure cinq jours. Au bout de ce temps, vous collez votre bière avec quatre blancs d'œufs battus dans un litre d'eau froide, en agitant l'ensemble avec un bâton fendu; vous bondez le fût, et vous avez une boisson qui peut être mise en service au bout de huit jours et qui durera trois mois sans se gâter.

IV. MALADIES ET FALSIFICATIONS DE LA BIÈRE. — La bière abandonnée au contact de l'air ne tarde

CHAPITRE VI

pas à s'aigrir, par la transformation de l'alcool en acide acétique. Ces *bières aigres* doivent être rejetées. — Les *bières plates* sont celles où une fermeture incomplète des récipients, ou une fermentation trop courte a laissé échapper ou incomplètement produit l'acide carbonique. Tous les efforts tentés pour remédier à ce défaut n'ont donné jusqu'ici que des résultats médiocres. — Parfois les *bières* deviennent *filantes*, comme les vins blancs. Cet accident, déterminé par la formation d'une sorte de mucus végétal, se traite par le tannin, comme il a été dit à propos des vins graisseux. — Enfin, on rencontre des *bières moisies*, soit à la suite d'une altération spontanée, soit que le mauvais goût leur soit communiqué par des tonneaux malpropres. Ces bières sont perdues sans ressources.

Les *falsifications* de la bière sont aussi nombreuses que celles du vin. Cette boisson devrait être uniquement composée d'orge et de houblon. Mais on remplace l'orge par tous les grains possibles, et, ce qui est plus grave, par le sirop de fécule de pommes de terre, qui communique au liquide un goût fade et lui laisse une notable proportion de sulfate de chaux, provenant de la saturation par la craie de l'acide sulfurique, qui a servi à transformer la fécule en glucose. Quant au houblon, qui est cher, on lui substitue le buis, l'écorce de saule, la gentiane, la coloquinte, qui est un poison, la noix vomique, qui en est un autre, la coque du levant, qui en est un troisième, etc.

On a fabriqué en Allemagne, sous le nom de *pierre à bière*, une substance dont un volume peu considérable, mêlée à l'eau et à la levure, permet de fabriquer une grande quantité de bière. Un chimiste a trouvé que cette denrée renfermait du sucre de fruits et de canne, des substances albumineuses et des matières grasses et inorganiques mal définies.

D'après Payen, on emploie dans la marine anglaise une bière dans laquelle le houblon est remplacé par les pousses de pin, et l'orge par de la mélasse. Cette boisson ne paraît pas malfaisante, mais ce n'est plus de la bière.

M. Chevalier indique, comme très commune à

CHAPITRE VI

Paris, une bière exclusivement faite de glucose de pomme de terre et d'acide picrique, dont les propriétés alimentaires sont détestables.

Toutes ces altérations sont difficiles à reconnaître, mais elles n'en sont pas moins malfaisantes. Tandis que la bière houblonnée apaise la soif et concourt à la digestion, les bières frelatées ont pour caractère commun de développer dans la bouche un sentiment de sécheresse et d'âcreté qui entretient le besoin de boire.

Quand elle est bonne, au contraire, et naturellement préparée, la bière est unanimement reconnue comme une boisson saine, rafraichissante et nourrissante à la fois. Elle ne donne pas la vigueur comme le vin; elle tendrait, au contraire, par les vertus vireuses du houblon, à pousser vers l'assoupissement ceux qui en exagèrent l'emploi; mais prise dans de justes mesures, elle est recommandée par les médecins, non seulement dans l'alimentation habituelle de ceux qui manquent de vin, mais encore dans la diététique des malades.

VII

Boissons fermentées et distillées.

Nous avons à dire dans ce chapitre beaucoup de choses qui surprendront nos lecteurs. Puissions-nous attirer leur attention et leurs réflexions sur le danger extrême que présente pour la santé, non seulement l'abus, mais l'usage de la plupart des boissons distillées qui sont journellement servies sur leurs tables ; car si nous y parvenons, nous aurons attaqué dans sa racine l'une des causes les plus puissantes de l'abaissement physique et moral des sociétés modernes.

Posons d'abord un grand principe dont aucun médecin ne contestera l'exactitude, et qui va nous servir de flambeau dans toute cette étude ; c'est que : *à mesure que les parties constituantes d'une boisson auront été plus rapprochées de leurs principes fixes par la distillation ou*

CHAPITRE VII

autres procédés chimiques, ses qualités deviendront moins bienfaisantes pour l'économie.

Aussi, trouverons-nous partout des différences essentielles et capitales entre l'eau-de-vie fabriquée directement, par une distillation du vin à cinquante degrés, et celle obtenue artificiellement, avec de l'alcool absolu dilué au même degré ; entre les liqueurs fabriquées avec de l'eau-de-vie de vin et des plantes employées directement ; et les liqueurs provenant d'alcool absolu dilué et d'extraits aromatiques extraits des plantes par distillation. Enfin, on en trouve une plus grande encore entre les boissons spiritueuses ayant pour base l'alcool du vin, et celles qui sont fabriquées avec les alcools de grain, de pommes de terre, de bois, etc. — Cette doctrine fera sans doute sourire bien des commerçants et même des consommateurs, persuadés qu'on peut boire indifféremment : l'eau, le vin, le cidre, la bière, l'eau-de-vie de vin ou de tubercules, le rhum ou l'absinthe des cabarets ; mais elle n'en demeurera pas moins fondée sur une grande vérité physiologique.

LES CLEFS DE LA CAVE

I. Eau-de-vie. — C'est aux médecins arabes du moyen âge qu'est attribuée la découverte de la distillation du vin, pour en obtenir la liqueur que nous nommons eau-de-vie. Un savant florentin du xiie siècle, nommé Thadée, en répandit le premier l'usage, et le célèbre alchimiste Arnaud de Villeneuve en décrivit les propriétés. Malgré son nom arabe, cette liqueur n'était point l'alcool absolu que nous connaissons aujourd'hui ; car l'alcool est un poison qui n'est ni agréable, ni utile dans l'alimentation, tandis que Mathiole, en décrivant l'invention nouvelle, conseillait d'en prendre tous les jours une cuillerée pour réchauffer l'estomac, fortifier la mémoire et donner de la vivacité à l'esprit.

L'ancien appareil, qui est encore le plus parfait, sinon le plus économique, est un alambic à grande chaudière, à feu nu, avec un couvercle ou têtard, et une longue trompe qui va rejoindre le serpentin du réfrigérent. On met 500 litres de vin à la fois dans la chaudière. On en récolte 112 à 125 litres, qu'on met à part, et environ 60 litres de queue, que l'on réserve d'un autre

CHAPITRE VII

côté. Après avoir ainsi distillé quatre fois 500 litres de vin, on a environ 500 litres de produit.

— Ces 500 litres sont remis une seconde fois à la chaudière et distillés de nouveau, à un feu doux, et l'on obtient 260 à 280 litres d'eau-de-vie, marquant 50 à 60 degrés à l'aréomètre, ce qui revient à dire que chaque hectolitre donne 12 à 14 litres d'eau-de-vie. — Les queues sont à mesure versées dans le vin qui doit servir à la prochaine opération. — Toute eau-de-vie qui dépasserait 60 degrés ne serait pas potable, et on peut la considérer comme détériorée dans ses qualités hygiéniques, sa saveur, sa délicatesse et son parfum.

A mesure de la distillation, on reçoit l'eau-de-vie dans une barrique en bois neuf, on la bonde et on la roule en place dans le chais jusqu'à la vente. Contrairement au vin, qui exige des soins pour ainsi dire journaliers, l'eau-de-vie n'en demande aucun, ni ouillage, ni décantage, ni mise en bouteille.

C'est dans la barrique de bois neuf que l'eau-de-vie prendra sa couleur et développera son arome. Les plus fins experts ne peuvent savoir, au moment où le liquide sort de l'alambic, ce qu'il sera un jour, et les espèces connues de Fine champagne, Petite champagne et Bois, n'ont rien qui permette de les distinguer ; l'eau-de-vie nouvelle a un goût d'alambic qui masque complètement ses qualités futures. C'est dans ce commerce surtout qu'il faut compter sur l'honorabilité du vendeur. C'est aussi, disons-le, celui où se pratique le plus de fraude, par le mélange des alcools et de l'eau à l'eau-de-vie naturelle. Si on laisse vieillir l'eau-de-vie en barrique, elle gagne beaucoup avec l'âge, mais elle s'évapore en partie et perd quatre ou cinq degrés en vingt ans. En bouteille, elle ne perd rien, mais elle ne s'améliore plus.

On classe première l'eau-de-vie de Cognac, en commençant par la Fine champagne, la Petite champagne, les fins Bois, etc. C'est un liquide ambré, limpide, d'une odeur suave, d'un goût chaud, agréable, non styptique, ni poivreux, qui laisse dans l'estomac, lorsqu'il est pris en petite dose, un sentiment de véritable bien-être. Il doit marquer au moins cinquante à l'aréomètre.

CHAPITRE VII

Le prix en est généralement très élevé, et il faut se méfier des cognacs à bas prix.

Après les eaux-de-vie de la Charente, celles du Gers, connues sous le nom d'armagnacs, sont les meilleures de France. Comme celles de Cognac, elles sont produites par des vins de Folle blanche et autres plants analogues. Les eaux-de-vie de Montpellier viennent après.

Il ne faudrait pas croire, cependant, que les autres vins blancs ou rouges sont impropres à cette distillation. On fait en Poitou, avec les vins du pays, et sans autre ressource qu'un brûleur ambulant qui travaille en plein air, d'excellentes eaux-de-vie avec les petits vins du pays. C'est à cette source vulgaire, mais honnête, que j'ai vu beaucoup de gourmets s'approvisionner et s'en applaudir.

Un mot seulement sur les falsifications de l'eau-de-vie. Elles sont si fréquentes, que les savants eux-mêmes ne font pour ainsi dire plus de différence entre les eaux-de-vie et les alcools étendus. L'emploi de l'eau-de-vie en potion dans certaines pneumonies des vieillards s'appelle potion alcoolique, et se prépare neuf fois sur dix avec de l'alcool et de l'eau. Il n'est pas jusqu'au *Dictionnaire des falsifications* des substances alimentaires qui ne traite ces deux produits sous un même chef. Vous y chercheriez vainement l'article : eaux-de-vie.

Il existe cependant, comme nous l'avons dit, une différence essentielle au point de vue physiologique. Même au point de vue chimique, on en pourrait trouver une. D'après Wiederhold, l'eau-de-vie véritable a toujours une réaction acide, et produit, avec une solution étendue de perchlorure de fer, une coloration d'un noir foncé que ne donnent pas les eaux-de-vie de contrefaçon. Il serait utile de porter sur ce sujet l'attention des chimistes. Jusqu'ici, ils se sont principalement préoccupés de savoir si les eaux-de-vie livrées à la consommation n'avaient pas une origine étrangère au raisin, et leurs travaux révèlent sur ce sujet les supercheries les plus honteuses.

« Le plus souvent aujourd'hui, dit Chevallier, l'eau-de-vie est un affreux mélange d'un grand nombre de substances avec des alcools autres que

CHAPITRE VII

celui de vin. Ces mélanges ont pour but de développer artificiellement dans ce liquide la saveur, la couleur et le bouquet qui pourront le rapprocher le plus possible de l'eau-de-vie vraie. »

Les fraudeurs ont eu recours, pour donner à leur eau-de-vie factice *la saveur* ordinaire de la bonne eau-de-vie de Cognac, à diverses substances acres, telles que les poivres, l'alun, le laurier-cerise, etc. — On devra soupçonner la présence de poivres divers lorsque, mêlé avec un volume égal d'acide sulfurique, le liquide, au lieu de rester blanc, se colorera en brun noirâtre foncé. — L'alun se reconnaît à ce que le mélange qui le contient rougit le papier de tournesol et précipite en blanc par le chlorure de baryum. — La présence du laurier-cerise, ou acide prussique étendu, se manifeste par le précipité bleu foncé que le liquide saturé de potasse donne avec les sulfates ferreux et ferriques.

Pour la *coloration* artificielle, ils ont le plus souvent recours au caramel ou au brou de noix, additionnés de cachou, de sassafras, de thé, de capillaire, d'iris de Florence, etc. Ces sauces sont un secret pour chaque fabricant. Elles seraient généralement inoffensives en elles-mêmes, si elles n'avaient pour but de masquer le mélange d'alcool de fécule et d'eau, qui prend entre leurs mains le nom de cognac.

Quant au *bouquet*, on a essayé et employé successivement, pour l'imiter, l'acide sulfurique, l'ammoniaque, l'acetate d'ammoniaque, le savon, etc. — On reconnaît l'acide sulfurique en ce qu'il rougit le papier de tournesol, et précipite en blanc par le chlorure de baryum. L'ammoniaque, au contraire, ramène au bleu le papier de tournesol rougi par un acide, et le liquide qui en contient en exhale l'odeur à la chaleur. — Mais tous les jours, de nouvelles fraudes succèdent aux anciennes, à mesure que la chimie parvient à les découvrir et à les signaler.

Nous nous sommes étendus sur la véritable eau-de-vie naturelle et sur les falsifications dont elle est l'objet, parce que, dans notre pensée, cette liqueur n'est pas coupable de la plupart des méfaits dont on la charge. Nous la regardons, au contraire, comme une boisson saine qui, prise

CHAPITRE VII

en petite quantité, peut rendre de grands services dans les langueurs de l'estomac et plusieurs autres cas qu'il appartient aux médecins de signaler. L'eau-de-vie artificielle, au contraire, est un véritable poison. Nous avons présent à la mémoire le cas d'un soldat, qui, un matin de jour de l'an, avale à jeun deux petits verres d'eau-de-vie factice sur le comptoir d'un épicier. Ce malheureux rentra à sa chambre ivre-fou, gesticulant et chantant comme un sourd ; les yeux lui sortaient de la tête. Il resta dans cette exaltation jusqu'au soir, s'endormit ensuite et dormit dix-huit heures. Il avait dépensé cinq sous.

Après l'eau-de-vie de vin véritable, nous devons décrire quelques autres produits naturels de même genre qui s'obtiennent par la distillation simple de fruits fermentés. De ce nombre sont l'eau-de-vie de marc, l'eau-de-vie de cidre, le kirsch, le marasquin, le rhum, etc.

Eau-de-vie de marc. — L'eau-de-vie de marc s'obtient, comme son nom l'indique, par la distillation, avec les anciens appareils, des marcs de raisins rouges ou blancs, qui restent sur la maie après le tirage du vin. Nous avons déjà dit comment, après la pressée, il convenait d'emmagasiner ces marcs pour les conserver, soit dans des fûts foncés, soit dans des cuves profondes, avec une couche épaisse d'argile pour fonçure. — Lorsque le moment de faire l'eau-de-vie de marc est venu, on commence par piocher le marc dans la cuve, et on le porte vivement dans l'alambic, qui en contient environ cinq hectolitres. On y ajoute une certaine quantité d'eau, quarante à cinquante litres ; on allume le feu et on lute le chapiteau. Il importe que le feu soit bien réglé, pas trop fort, et que le robinet du serpentin ne donne pas plus de douze litres à l'heure. Le liquide que l'on recueille ainsi porte le nom de petite eau. Lorsqu'en en jetant quelques gouttes sur le brasier elle ne s'allume plus, on enlève le récipient, on le ferme et on le remplace par un autre, pour recevoir la dernière petite eau, jusqu'à ce qu'elle n'ait plus aucun goût alcoolique. On décharge ensuite l'appareil, on le recharge d'une nouvelle quantité de marc sur lequel on verse d'abord la dernière petite eau recueillie,

CHAPITRE VII

puis une quantité suffisante d'eau froide ; on lute de nouveau et on recommence à chauffer. Quand on a ainsi épuisé sa provision ou à peu près, on rectifie sa petite eau, mise de côté, c'est-à-dire qu'on la repasse sur un marc n'ayant pas servi, de manière à lui donner la force de cinquante-deux degrés. On obtient ainsi à peu près trois litres d'eau-de-vie par hectolitre de marc, c'est-à-dire douze à quinze litres pour chaque pleine chaudière.

L'eau-de-vie ainsi obtenue ne vaut pas celle du vin ; mais en vieillissant dans de bon bois, elle prend un goût qui plaît à certaines personnes. Elle n'est pas malsaine. Nous nous méfions, au contraire, pour les raisons précédemment exposées, de celle qu'on obtient en transformant directement le marc en alcool par l'appareil à marche continue, et le ramenant ensuite avec de l'eau au degré voulu.

Inutile d'ajouter que l'eau-de-vie de marc est falsifiée comme l'eau-de-vie de vin, et encore plus facilement.

Eau-de-vie de cidre. — Ce produit, si souvent

et si facilement falsifié, est au-dessus de sa mauvaise réputation quand il est préparé avec soin par un bouilleur habile. Il partage avec l'eau-de-vie de vin la propriété de pouvoir vieillir, c'est-à-dire s'améliorer considérablement par son séjour en fût; tandis que les eaux-de-vie falsifiées, aussi bien de cidre que de vin, perdent en vieillissant leur force et la rectitude de leur goût. Le goût particulier de fruit que présente l'eau-de-vie de cidre, au bout de quatre à cinq ans, plaît à beaucoup de personnes, et, prise dans les conditions que nous avons indiquées pour l'eau-de-vie de vin, elle ne nous paraît pas malfaisante.

On distille le cidre absolument comme le vin, et l'on obtient en produit de douze à treize litres d'eau-de-vie par hectolitre de cidre.

Kirsch ou Kirschwasser. — Cette boisson est, comme on sait, obtenue par la distillation des fruits fermentés du mérisier. Elle est limpide, incolore, avec un goût très prononcé de laurier-cerise, et la force des eaux-de-vie. Le kirsch marque ordinairement cinquante à l'alcoolomètre. Pris à intervalles éloignés et à petite dose, il

CHAPITRE VII

ne nous semble pas, quand il est naturel, devoir produire des ravages dans l'économie ; mais je ne connais guère d'autre moyen d'avoir du kirsch naturel que de le faire soi-même. Presque tout celui que l'on boit est fabriqué directement avec de l'alcool de grain étendu d'eau que l'on fait macérer sur des feuilles de pêcher, ou que l'on mélange directement à l'eau distillée de laurier-cerise. Ce faux kirsch contient généralement vingt-deux centigr. d'acide prussique par litre, tandis que le vrai n'en contient que quatre à cinq. Or on sait quel poison énergique est l'acide prussique. C'est le cas de répéter l'adage : *cui fidas cave*. Le procédé indiqué par M. Gentilhomme pour distinguer le faux kirsch est loin d'être infaillible, et nous n'en connaissons pas d'autre.

Rhum et tafia. — Le rhum est le produit distillé de la mélasse fermentée. Le tafia est le produit distillé du vesou ou jus de canne fermenté. Ces deux liquides sont à peu près confondus dans le commerce français. Ils donnent une boisson de haut goût, d'une couleur fortement ambrée, d'une grande force et d'une saveur de cuir râpé. Quoique le rhum ne marque que cinquante-quatre degrés à l'aréomètre, il est rare qu'on le boive seul, à moins qu'il ne soit très vieux et présenté comme une liqueur rare. On s'en sert pour aromatiser le thé et certaines pâtisseries, ou bien pour faire revenir les malades qui auraient été saisis par le froid.

Dans le commerce, ce liquide est frelaté de mille façons. Soit qu'on en opère le coupage en lui ajoutant de mauvais alcool et de l'eau, soit qu'on le prépare de toutes pièces, comme le kirsch, avec de l'alcool de grain, de l'eau, du girofle et des râpures de vieux souliers. D'après le chimiste Wiederhond, on pourrait reconnaître la fraude en mêlant dix grammes du rhum suspect à trois grammes d'acide sulfurique, à la densité de 1,84. Avec le vrai rhum, l'odeur particulière de la liqueur persiste après le refroidissement; elle disparaît avec le faux.

Le *Marasquin*, obtenu par la distillation des fruits fermentés des prunes et des pêches, est une liqueur du même genre et fort estimée. On

CHAPITRE VII

peut faire de l'eau-de-vie de prunes et de pêches par le même procédé que l'eau-de-vie de marc ou de cidre.

II. LES ALCOOLS. — La question des alcools ne peut être traitée qu'indirectement et brièvement dans cet ouvrage, car ils n'entrent pas dans les approvisionnements de la cave ; cependant, il nous semble nécessaire d'en dire quelques mots, en commençant par l'alcool de vin.

L'alcool de vin se tire, soit de l'eau-de-vie qu'on rectifie par une nouvelle chauffe, soit directement du vin avec les appareils perfectionnés de Derosne et Dubrunfaut. Ce liquide, appelé autrefois *eau ardente, esprit de vin*, est transparent, incolore, doué d'une saveur chaude et pénétrante, d'une odeur enivrante et agréable. Il est sans réaction alcaline ou acide et bout à une chaleur de 78 degrés. Dans le commerce, il marque de 70 à 84 et même 90 à l'alcoolomètre centésimal. Il marque 100 quand il est absolu ou tout à fait anhydre. Le commerce, pour ses besoins, l'allonge d'eau dans des proportions diverses, et lui donne alors les noms de troiscinq, trois-six, trois-sept, double cognac, etc.

Les falsifications de l'alcool de vin consistent à lui substituer les alcools de betterave, de fécule, de grain, purifiés plus ou moins habilement et masqués sous de faux noms, au grand détriment des consommateurs. L'art de la dégustation et les recherches des chimistes experts se sont unis pour dévoiler ce genre de fraude. M. Chateau, en particulier, a fait un grand travail fort estimé sur cette matière. On peut dire, en général, que l'alcool de vin se distingue des autres par l'odeur et la saveur. Quand on en verse quelques gouttes sur les mains, en les frottant l'une contre l'autre, on doit développer un bouquet vineux et agréable que ne donne pas le liquide falsifié. Si encore on ajoute à l'esprit que l'on veut essayer une certaine quantité de nitrate d'argent en solution, et que l'on expose le tout aux rayons du soleil, rien ne se manifeste si l'esprit est pur; mais s'il contient de l'alcool étranger, il se forme un précipité noir. Ces essais seront confirmés par l'essai suivant le procédé de M. Chateau, qui se trouve détaillé dans le *Moniteur scientifique* de 1862;

CHAPITRE VII

et qui permet de distinguer entre eux les alcools de vin, de marc, de betteraves, de pommes de terre, de grains, de mélasse, de riz, etc.

L'alcool, qui ne devrait être employé que dans les arts fait malheureusement, la base de toutes les liqueurs de table, anisette, curaçao, absinthe, genièvre, etc. Il sert également à préparer les fruits confits dits à l'eau-de-vie. — Ces préparations sont d'autant plus nuisibles à la santé qu'on s'est servi d'alcools de moins en moins parents de la vigne.

III. DES LIQUEURS. — Les liqueurs naturelles sont des préparations à base d'eau-de-vie et de sucre combinés avec les fruits ou les plantes aromatiques, pour en obtenir une boisson de dessert agréable et stomachique. Les anciens ne connaissaient pas les liqueurs. On dit qu'elles ont été imaginées en France il y a moins de trois cents ans, et que la plus ancienne fabrique est celle de Montpellier. Nous ne voulons traiter ici que des liqueurs qui se préparent directement avec l'eau-de-vie et qui sont d'une confection facile, autant que d'un usage bienfaisant. — Telles sont les liqueurs de cassis, de coings, d'oranges, etc. Nous dirons ensuite un mot des liqueurs préparées à l'alcool, bien plus pour en détourner nos lecteurs que pour les exciter à en faire usage, car toutes ces boissons ont pour effet immédiat d'agir énergiquement comme stimulant du cerveau, et de prédisposer à l'apoplexie, à la paralysie, à la folie et à la mort; celles qui sont préparées avec des alcools frelatés nous semblent atteindre ce résultat encore plus vite que les autres.

Liqueur de cassis. — Dans les distilleries de Bourgogne, on épuise avec de l'alcool le fruit écrasé du cassis, on y ajoute du sucre et du vin, et on filtre. Voilà le cassis de Dijon. Il est plus ou moins agréable au goût, suivant qu'il a pour base un alcool plus ou moins naturel; mais cette liqueur permet d'employer les esprits les plus inférieurs de fécule, de betterave et de grain : le goût très prononcé du fruit masque tout. — Nous conseillons le procédé suivant : écrasez trois livres de cassis bien mûrs; mettez-les macérer avec trois bouteilles d'eau-de-vie commune, mais

CHAPITRE VII

naturelle, et quelques feuilles de l'arbuste ; retirez les feuilles au bout de deux jours, et laissez le reste un mois en contact. Alors vous presserez votre liqueur, vous la filtrerez et vous ajouterez une demi-livre de sucre par bouteille. Au bout de trois mois, votre liqueur sera bonne à boire.

Liqueur de coings. — Râpez une douzaine de beaux coings, ou plus, suivant la quantité de liqueur que vous voulez faire, en ayant soin de n'employer que des fruits sains et bien mûrs. Mettez macérer cette pulpe pendant deux jours dans une terrine couverte. Passez-la alors dans une toile forte, et recueillez le jus que vous laisserez reposer deux heures en vase clos, afin de précipiter au fond du vase les plus grosses impuretés. Cela fait, filtrez votre jus et mettez dans vos bouteilles moitié jus, moitié eau-de-vie, et une demi-livre de sucre par bouteille. Au bout d'un mois, vous filtrerez encore votre liqueur et la boucherez définitivement. Le bon coing est dans sa qualité au bout d'un an.

Liqueur d'oranges. — Mettez dans un bocal un litre de bonne eau-de-vie, sans aucun mauvais goût, et une demi-livre de sucre. Attachez avec des fils au bouchon du bocal une orange et fermez bien votre bouchon, après avoir disposé vos fils de façon à ce que l'orange ne fasse que tremper légèrement dans le liquide. Vous laissez les choses en cet état pendant un mois. On recommande, s'il se peut, d'exposer de temps à autre le bocal aux rayons du soleil. A la fin du mois, vous retirez l'orange que vous jetez, vous remuez pour achever la fonte du sucre, si elle était incomplète, vous filtrez et vous mettez en bouteille. Six mois après, vous avez une très bonne liqueur d'orange.

Anisette, curaçao, chouva, liqueur de menthe, crème de café, etc., etc. — Toutes ces liqueurs sont préparées, non plus avec de l'eau-de-vie, mais avec de l'alcool étendu d'eau, et les essences d'anis, les écorces d'orange, les huiles de menthe, etc. Nous ne pouvons que les blâmer d'une manière générale, pour les raisons que nous avons exposées ci-dessus. Cependant, on doit reconnaître que lorsque ces liqueurs sont très vieilles, il se produit une certaine combinaison des huiles

CHAPITRE VII

essentielles de l'alcool et du sirop, qui les rend plus inoffensives et qui permet d'en faire usage à de rares intervalles et comme marque de réjouissance. Mais l'aspect attrayant et le goût délicat qu'elles présentent n'empêcheraient pas les dangers signalés par nous de se manifester, si l'on se laissait aller à la tentation d'en faire un usage journalier.

IV. Les alcoolats. — Nous réservons tous nos anathèmes et nous les multiplions autant que possible sur certaines autres boissons non moins communes et beaucoup plus dangereuses encore qui se fabriquent sans sucre avec les alcools frelatés, l'eau et les huiles essentielles de certaines plantes; telles sont l'absinthe, le gin, etc. Ces liqueurs sont de véritables poisons qui agissent non pas à la longue, mais avec une effrayante rapidité. Les statisticiens constatent tous les jours que la plupart des suicides et des folies n'ont pour cause principale que l'usage des produits dont nous parlons, c'est-à-dire de l'alcool de grain déguisé sous un arome quelconque, et que le nombre de ces désastres augmente dans la même proportion que l'accroissement de la consommation de ces horribles denrées dans une ville.

Absinthe. — Cette boisson se fabrique communément avec de mauvais alcool, de l'eau et de l'huile essentielle d'absinthe. Rarement, quoi qu'en disent les prospectus, on a recours à la distillation des sommités fleuries de la plante avec l'alcool étendu. Fabriquée de l'une ou l'autre manière, c'est toujours un breuvage nuisible, soit qu'on boive l'absinthe pure, soit qu'on l'étende d'eau, comme cela se pratique dans les cafés. On ne saurait imaginer le nombre de drogues auxquelles les fabricants ont eu recours pour augmenter en elle la propriété de se troubler et de se mettre en purée au contact de l'eau, ou pour lui donner une couleur plus agréable à l'œil. On est allé jusqu'à l'indigo et au sulfate de cuivre. Nos guerres d'Afrique avaient mis, il y a trente ans, l'absinthe fort en honneur. On y trouvait un moyen de masquer la mauvaise qualité de l'eau, et une certaine excitation nerveuse qui faisait oublier les peines du métier militaire et les fatigues d'une très rude cam-

CHAPITRE VII

pagne ; mais les médecins de l'armée ne tardèrent pas à s'apercevoir que l'usage de cette boisson donnait naissance aux maladies les plus funestes : tremblements nerveux, affaissement des facultés, ramollissement cérébral, folie, apoplexie, etc., et des instructions ministérielles, souvent renouvelées depuis 1845, en interdisent absolument l'usage dans les camps et les cantines.

Gin. — Le gin ou genièvre, particulièrement usité dans nos provinces du Nord et en Angleterre, est une autre sorte de boisson populaire, composée également avec de l'alcool de grain étendu d'eau et l'huile essentielle qui se trouve en abondance dans les fruits du genévrier. Pour consommer cette denrée, on ne se donne pas la peine d'y ajouter de l'eau, on la boit pure sur le comptoir, et plus elle emporte la bouche, plus les consommateurs sont satisfaits. Le *Dictionnaire* de Chevallier affirme que, pour atteindre ce but, les fabricants ne reculent devant aucune substance végétale acre, poivres, piment, coque du Levant, et même ne craignent pas de recourir à l'acide sulfurique (vitriol), dont tout le monde connaît les propriétés corrosives. Chacun comprendra, d'après cette énumération, les effets désastreux d'une pareille drogue sur l'estomac et sur le système nerveux. Les médecins anglais ne craignent pas d'affirmer que les deux tiers des folies furieuses et des suicides de leur pays sont dus à l'usage immodéré du gin.

Ce que je viens de dire de ces deux liqueurs s'applique également à beaucoup d'autres qui ont le même mode de fabrication avec des huiles essentielles et des alcools de bas étage. Mais l'étude de ces poisons est du domaine de la médecine et sort du cadre que nous nous sommes tracé.

Ici se bornent les instructions qui nous ont semblé indispensables pour diriger nos lecteurs dans la fabrication et l'approvisionnement des boissons de table. Puissions-nous avoir rempli au gré de tous le but que nous nous proposions.

FIN

TABLE DES MATIÈRES

PRÉFACE. 5

I. DE LA CULTURE DE LA VIGNE. — Etendue et importance de cette culture. — I. *Choix et préparation du terrain :* — en Bourgogne, — dans le Médoc, — dans le Midi, — en Champagne. — Exposition. — Préparation du sol. — II. *Choix des cépages.* — Considérations générales. — Pineau franc noirien et ses variétés. — Pineau gris beurot. — Pineau blanc chardenay. — Morillon. — Carbenet ou Breton. — Sauvignon. — Carmenère. — Malbec ou Gros noir. — Merlau. — Verdot. — Cot. — Aramon. — Ugny. — Morrastel. Espar. — Carignan ou Catalan. — Œillade. — Picardan. — Aspirants. — Terrets. — Piquepouls. — Clairettes ou Blanquettes. — Muscats. — Malvoisie. — Macabeu. — Furmint. — Syra. — Roussane. — Marsanne. — Vert doré. — Doré blanc. — Plant gris. — Muscadet. — Mondeuse. — Gamets. — Risling. — Folle blanche, etc. — III. *Plantation de la vigne :* — en quinconce, — en ligne. — Epoque de la plantation. — Modes divers. — Soins des jeunes vignes. — IV. *Façons de la vigne.* — Sarclage. — Labour. — Ebourgeonnement. — Epamprage. — Pincement. — V. *Taille de la vigne.* — Méthodes diverses. — Méthode du docteur Guyot. — VI. *Engrais.* — Amendements. — Compost. — Fumier. —

TABLE DES MATIÈRES

vii. *Maladies et ennemis de la vigne.* — Gelées. — Coulure. — Pourriture. — Charbon. — Oïdium. — Insectes nuisibles. 11

II. DE LA FABRICATION DU VIN. — Considérations générales. — i. *Vendanges.* — Epoques favorables. — Précautions. — Durée. — Instruments et outillage. — ii. *Fabrication des vins blancs.* — iii. *Fabrication des vins rouges.* — iv. *Fabrication des vins de macération.* — v. *Fabrication des vins mousseux.* — vi. *Fabrication des vins de liqueur.* — vii. *Emploi de la râpe.* — Demi-vin. — Piquette. — Vins feints. — viii. *Sucrage des moûts.* — ix. *Plâtrage des moûts*, etc. 50

III. CLASSIFICATION DES VINS. — Considérations générales. — Dangers des vins falsifiés et fabriqués. — i. *Examen des vins :* — par les sens, — par l'estomac, — par l'analyse. — ii. *Vins rouges de Bordeaux.* — Caractères : — première, deuxième et troisième classe. — iii. *Vins blancs de la Gironde.* — Caractères : — première, deuxième et troisième classe. — iv. *Vins rouges de Bourgogne.* — Caractères : — première, deuxième et troisième classe. — v. *Vins blancs de Bourgogne.* — Caractères : — première et deuxième classe. — vi. *Vins rouges du Midi.* — Caractères : — première, deuxième et troisième classe. — vii. *Vins blancs secs du Midi.* — Caractères : — première et deuxième classe. — viii. *Vins de Champagne.* — Caractères : — première et deuxième classe. — ix. *Vins rouges renommés des autres provinces.* — Touraine. — Poitou. — Savoie. — Quercy. — Périgord. — Anjou. — Auvergne. — Isère. — Vosges, etc. — x. *Vins*

TABLE DES MATIÈRES

blancs renommés des autres provinces. — Périgord. — Anjou. — Savoie. — Touraine. — Lorraine. — Haut-Poitou. — Auvergne, etc., etc. — xi. *Vins de liqueur.* — Frontignan. — Lunel. — Maraussan. — Rancio. — Malvoisie, etc., etc. — xii. *Vins étrangers.* — Espagne. — Portugal. — Suisse. — Italie. — Allemagne. — Turquie. — Asie. — Afrique. 77

IV. ENTRETIEN, MALADIES ET FALSIFICATION DES VINS. — Généralités. — i. *De l'entretien des vins.* — Cave. — Fûts vinaires. — Cruches et bouteilles. — Soins à donner la première année. — Ouillage. — Soutirage. — Collage. — Effets de la chaleur sur les vins. — Effets du froid. — Effets des voyages. — Soins que demandent les vins vieux. — Mise en bouteilles. — ii. *Maladies des vins.* — Aigre. — Tour. — Graisse. — Amertume. — Goût de bouchon. — iii. *Falsifications des vins.* — Coupage des vins. — Mouillage. — Vinage. — Mélange du cidre et du poiré au vin. — Coloration artificielle des vins. — Falsifications par les substances minérales. — iv. *Vins fabriqués.* — Vins feints de table. — Vins feints de liqueur. — Règle pour en connaître les dangers. — Boissons composées. 104

V. CIDRES ET POIRÉS. — Considérations générales et hygiéniques. — i. *Culture des pommiers et poiriers à cidre.* — Terrains. — Espèces recommandées de pommes à cidre : — douces, aigres et amères. — Espèces recommandées de poires à cidre. — Plantation. — Soins divers. — Fumure. — Labour. — Ebranchements. — Arrosage. — Maladies des arbres à cidre : — mousse, — insectes particulièrement nuisibles aux pommiers et aux poiriers. — ii. *Fabrication du*

TABLE DES MATIÈRES

cidre. — Cueillette. — Maturation en chambre. — Emmagasinage en silos. — Pilonage des fruits. — Macération. — Pressurage. — Fermentation. — Mise en fût. — III. *Conservation du cidre*. — Soutirage. — Collage. — Mise en pièces et en bouteilles. — Maladies : — acidité, — graisse, — changement de couleur. 147

VI. DE LA BIÈRE. — Considérations historiques et hygiéniques. — I. *Culture du houblon*. — Variétés choisies de cette plante. — Préparation du terrain. — Préparation et plantation des boutures. — Emperchage. — Façons. — Maturité. — Récolte. — Séchage. — II. *Fabrication de la bière*. — Qualités de l'orge et du houblon à employer. — Maltage, mouillage, germination, dessication, criblage. — Mouture. — Empâtage. — Drèche. — Houblonnage. — Fermentation. — Mise en fût. — III. *Variétés de bières :* — bières anglaises, belges, hollandaises, allemandes, françaises. — Petite bière de ménage. — IV. *Maladies et falsifications de la bière*. — Bières aigres, — plates, — filantes. — Denrées substituées au houblon. — Denrées substituées à l'orge. — Pierre à bière. — Bière de pin et de mélasse. — Bière de glucose et d'acide picrique. — Dangers des bières falsifiées pour la santé. 173

VII. BOISSONS FERMENTÉES ET DISTILLÉES. — Considérations générales. — I. *Eau-de-vie*. — Découverte de l'eau-de-vie. — Appareils de fabrication. — Alambic. — Condition essentielle de sa fabrication directe et non par dédoublement. — Mise en fût. — Classification. — Falsifications : leurs dangers pour la santé. — Eau-de-vie de marc. — Eau-de-vie de cidre.

TABLE DES MATIÈRES

— Kirschwasser. — Rhum et tafia. — II. *Alcools*. — Fabrication de l'alcool de vin. — Ses usages. — Il ne doit jamais servir à faire de l'eau-de-vie, — non plus qu'aucun autre alcool. — Falsifications de l'alcool de vin. — III. *Liqueurs*. — Elles doivent être faites avec l'eau-de-vie, le sucre et le suc des fruits ou des plantes. — Cassis. — Liqueur de coings. — Liqueur d'oranges. — Les liqueurs ne doivent servir qu'après avoir longtemps vieilli. — Anisette. — Curaçao. — Chouva, etc. — IV. *Alcoolats*. — Tous les alcoolats sont nuisibles à la santé. — Absinthe. — Gin, etc. 194

BIBLIOTHÈQUE UTILE

18 volumes in-18 jésus (1).

Cette collection a obtenu :
une **Médaille d'or** de la Société d'instruction et d'éducation,
deux **Médailles d'argent** de la Société protectrice des animaux.

Chaque volume broché : **1 fr. 50**.
Imitation toile : **1 fr. 75**. — Percaline : **2**.

Ami du cheval (l'); conseils sur l'élève, l'hygiène, la médecine et l'achat des chevaux; par J.-B. Mégnin, vétérinaire.
Notions d'hygiène pratique, à l'usage de la jeunesse; par le Dr Cantel des Mées.

Ouvrages du Docteur J. P. des VAULX.

Animaux de la ferme (les).
Animaux nuisibles (les) et les **Animaux utiles à l'agriculture**.
Atelier du laboureur (l').
Ce que rend une vacherie : lait, beurre, fromage.
Clefs de la cave (les) : vins, cidre, bière, liqueurs.
Économies d'un vieux jardinier (les) : légumes, fruits, fleurs.
Hygiène au village (l').
Merveilles de la vie des animaux (les).
Mystères de la vie des plantes.
Plaisirs et profits de l'éleveur d'abeilles.
Plantes de grande culture (les).
Plantes suspectes de la France (les).
Profits de la basse-cour (les) : cochons, lapins, poules, oies, dindons, canards, pigeons, etc.
Remèdes sous la main (les) : description des maladies les plus communes; précautions et premiers soins à prendre.
Signes du temps et travaux des jours (les), Calendrier agricole.
Vie des champs (la) : santé, bien-être, plaisirs.

(1) La collection complète de ces dix-huit volumes sera envoyée *franco*, contre un mandat de poste, aux conditions suivantes : Brochée : 25 fr. — Cartonnée imit. toile : 30 fr. — Cartonnée percaline : 35 fr.

— LILLE, TYP. J. LEFORT. —

www.ingramcontent.com/pod-product-compliance
Lightning Source LLC
Chambersburg PA
CBHW071909160426
43198CB00011B/1229